# 大國小民

## 十個故事裡的中國

端工作室——著

「十個故事裡的中國」總序

# 看見人，看見政治

端傳媒 總編輯　張潔平

做了十年中國新聞之後，我本以為很少有事情會令我「意外」了。這片國土上的故事，不乏溫情、勇氣、野心、妙思與幽默感，也不乏對荒誕、悲慘、愚蠢和壞構成的下墜空間的無限想像。

只是2017年，很多事仍然超過了想像。而這種「超過想像」，令書寫和記錄的我們重新思考：到底什麼樣的敘事，才能再逼近真實中國的同時，對抗權力灌輸的話語，也克服主流的陳詞濫調。

已坐牢八年多的諾貝爾和平獎得主劉曉波，在這一年，因為肝癌去世，最終沒有等到自由。而在他生命的最後一個月，當局進行了一場有如凌遲般的「死亡直播」：在徹底控制他和妻子劉霞的自由的同時，當地醫院、醫生、政府不斷向全世界通報他的病情進展，在專業上，鉅細靡遺到器官如何一點點衰敗，在氛圍上，不斷放出醫生會診、病人微笑的照片。於是，人們沒能聽見作家劉曉波說一句話，卻目睹了他軀體死亡的全過程。然後是海葬，迅速，徹底，挫骨揚灰。

以上這段敘事，當然來自我基本的情感立場。若從中國政府的立場，可能會是另一個角度——對待政治犯，中國何曾有過這樣好的待遇：頂級國內外醫生團隊會診，醫院專設病房看護，設立新聞發佈渠道及時通報病情，舉辦追悼會和海葬儀式，然後還開全球新聞發佈會，提供具有國際通訊社水準的海葬照片。如此高規格送終，仁至義盡。這才是官方描述中的常見敘事。

是直播凌遲，還是高規格送終？不同敘事來自不同視角。而這兩種視角，最根本的差異在於：有沒有看見「人」。不只是皮囊肉身的生命機體，而是有思想自由與尊嚴的人。官方敘事，洋洋自得於自己如何高成本維繫一具肉體的運作到最後一刻，刻意忽略的，是它如何殺死一個知識分子的表達自由，毀滅他的思想結晶（據悉在海葬之後，官方沒收了劉曉波在獄中留下的所有筆記），斷絕了他與外界的所有交流。而後者，才是他為人尊嚴的唯一和全部體現。

權力之壞，莫過於抹殺人性。而記錄之責，首先在於喚回人性。無論是那些被消聲的受害者、被英雄化的異議者，還是被刻板印象鎖定的體制成員、被沸騰輿論淹沒的小人物，當面對龐大繁雜的中國故事時，我們首先想做的，就是讓他們重新恢復成「人」，展現人的豐富樣貌。

「大國」之下，要見「小民」。端傳媒記錄中國的深度報導，絕大多數，是以一個個具體人物的處境，帶出時代細節。有為兒子的冤案平反堅持了21年的母親，有從1989年一路走來的人權律師，有以艱苦的紀錄片拍攝作為社會行動的知識分子，有在互聯網浪潮中紛紛轉行的調查記者，有新疆生活在封閉之中的小市民，有因為開日本車就被愛國青年砸穿腦袋的普通人……而恰恰在這樣的「小民」之中，能見真正的萬物生長：奮鬥一輩子進入中產門檻的爸爸媽媽，怎樣為孩子進「名校」爭得頭破血流？去馬來西亞買豪宅的中國人，真的都是有錢人嗎？活佛怎樣成了京城新貴？「小鮮肉」何時代替「演員」，充斥了影視產業？大媽的廣場舞，竟然跳出了千億的市場？中醫養生神話阿膠，殺了多少非洲驢？這十多年來跳入滾滾創業潮的年輕人，他們還好嗎？

2017年底，端傳媒將過去兩年多的深度報導整理集結，編成「十個故事裡的中國」系列叢書，從前兩本《大國小民》和《萬物生長》開始，陸續與讀者見面。

在挑選編輯的過程中，我們希望中國以外的讀者，可以在這些名不見經傳的小人物身上，看見人，看見真實中國的一角。而另一方面，我們也希望，中國大陸的讀者，如果有機會看見這本書，可以從這裡看見堂堂正正的「政治」——那個在日漸封閉的盛世裡越來越少看見的詞語。

去人性化、去政治化，這是威權政府最有效的統治工具。前者透過宣傳機器達成，後者則透過長時間的宣傳教育、恐懼氛圍在社會自然形成。人人都認為政治是骯髒的，即便他們在實踐著改變世界的夢想，甚至連直接進入政治反對運動的人，也因為各式各樣的憂慮，對政治諱莫如深。

面對劉曉波，你無法不看到他作為作家、詩人、思想者和愛侶的豐富人生，同樣地，你也應該正視他作為1989年之後中國政治反對運動旗手的重要地位，和他行動的政治價值。

一個豐富而立體的人物，值得比同情更多的理解，比謾罵更多的審視。中國也是一樣。

# 目次

# 母親、記者、警察、律師，持續21年的洗冤之戰

吳薇

律師李樹亭、聶樹斌母親張煥枝、記者馬雲龍、警察鄭成月，持續21年的洗冤之戰。
（攝：Wu Hao／端傳媒）

石家莊市正西的山腳下，河北鹿泉市下聶村，一間不起眼的紅磚民房。

二十一年來，在這屋子裡進進出出的人，沒有人逃得開聶樹斌的影子。他是家中獨子，靦腆，口吃，備受父母和姐姐的關愛，死的時候，只有二十二歲。

他是被槍決的，罪名是「強姦殺人」。家人沒有見到他最後一面，甚至到現在都無法確切知道，他究竟是死於1995年春天，還是1996年深冬。

陰影籠罩了這個家庭，全村人都用聶樹斌的名字嚇唬自己家的小孩。

直到十年後，2005年，記者馬雲龍在報導鄰省河南的另一宗命案時，發現犯人交代的罪案裡，包括了當年令聶樹斌被判死刑的這一宗。〈一案兩兇，誰是真兇？〉一篇調查報導，揭開了冤案的蓋子，也點燃了聶家的希望。

聶樹斌的母親張煥枝，找到真兇的警官鄭成月，記者馬雲龍，還有律師李樹亭，由此開始了洗冤之路。真兇已認罪，為冤殺翻案能有多難？誰也沒想到，這條路竟走了整整十一年，接力協助的律師至少有八人，追蹤報導的記者換了三代。

2016年6月10日，最高人民法院宣布對聶樹斌案提起再審後的第

中國最高人民法院決定依法提審原審被告人聶樹斌故意殺人、強姦婦女一案，按照審判監督程序重新審判。（網上圖片）

二天， 這條路上的核心團隊再度聚集在聶家的客廳，他們知道，這場曠日持久的戰爭到了「最後一役」。

主人位上坐著馬雲龍，所有人都叫他「馬總」。他鬍子拉碴，聲音低沉，一件墨綠色攝影馬甲，冷靜地指揮布局，有著與七十二歲年齡不相稱的充沛精力。

聶家女主人張煥枝坐在客廳中間的小圓桌旁，招呼來來去去的客人，「喝水喝水」。她七十三歲了，黑臉，短髮，身子微胖，神情疲倦，但腰板總努力挺著。

矮木桌上堆著記者們帶來的西瓜，擺開幾個瓷碗，盛滿白開水。桌旁還坐著律師李樹亭。他方臉光頭，河北普通話輕輕緩緩。他剛陪張煥枝從法院趕回來。從2005年接下這案子，他已經數不清，自己去了多少趟各級、各省的法院。

前廣平縣公安局副局長鄭成月像一陣風，帶著兩個人走進來。一個是年輕記者，一個是老訪民，這也是這麼多年來，圍繞著聶

**1994-1996**

**8月5日**
36歲女性康某在河北石家莊西郊一玉米地裏被姦殺。

**9月23日**
20歲的聶樹斌被當作嫌犯抓捕。

**9月26日**
聶經石家莊公安局橋西分局一週「突審」後認罪。

**1994**

**3月15日**
聶樹斌被石家莊中院一審判死刑。聶、康兩家上訴。

**4月25日**
河北高院二審聶案，維持死刑判決。

**4月27日**
官方目前認定，聶樹斌於這一天被槍決。

**1995**

**1995年 - 1996年**
聶母張煥枝因無判決書，申訴無人理睬。受害的康家也展開了漫長申訴。

**1月13日**
律師：聶樹斌在這天以後被槍決。

**1996**

聶父聶學生自殺未遂，終身殘疾。

案，最常聚在一起的兩群人。

所有的人都起身寒暄「鄭局好」，鄭成月一屁股坐下了。

他圓臉，肚子很大，習慣用眼角掃視人，眼神警覺。落座的片刻，他又用眼角掃了一下屋裡的人，拿起一塊西瓜啃了一口，哇的一聲，哭了。

隨後的這一個下午和晚上，鄭成月哭了四五回。一個大男人的嗚嗚哭聲，牽起了整個屋子裡人們的委屈和回憶。

十一年來，這個團隊尋找真相，窮盡所有司法程序，在每一個關鍵環節上死咬不放、克服障礙，要給被河北政法系統「冤殺」的聶樹斌討回公道。在這條洗冤之路上，鄭成月從公安局長變成整個河北公檢法的「對頭」，馬雲龍被從全中國的媒體除名，李樹亭幾

**1月**
河北通緝犯王書金河南落網，供述多宗姦殺，包括94年石家莊康某被殺案。

**3月15日**
《河南商報》報導「一案兩兇」引發關注。時任總編輯馬雲龍長期深度調查與介入。

**3月16日**
河北政法委書記劉金國表示立即成立聯合調查組。

**3月**
劉金國被調任公安部副部長。

**8月20日**
調查不了了之。河北政法委決定對聶案不起訴。

**3月16日**
王書金案主要辦案人、廣平縣公安局副局長鄭成月指聶為冤案，王才是真兇。

**2005**

**3月**
河北省邯鄲中院一審判王書金死刑。起訴書判決書均未提石家莊姦殺案。王上訴。

**7月31日**
河北高院對王書金案二審不公開審理，無任何判決或裁定。

**4月**
受害人康某的父親提供了聶案兩審判決書複印件，聶家終得以提起申訴。

**2007**

**7月以來**
聶家向最高法、河北高院提出申訴。康父亦要求查明真兇。

**11月25日**
最高人民法院正式受理聶案申訴，轉河北高院複查。

次陷入深度抑鬱，張煥枝從無知的農婦變成目光堅定，滿口法言法語的女戰士。

終於到了最後一役，他們既振奮，又緊張。張煥枝說，等「樹斌的案子平反那天」，要和馬雲龍、鄭成月去村子裡的大槐樹底下合張影。但過了一會兒，又對著「馬總」和李樹亭嘀咕起來：你說高院這次會不會再次說，就是聶樹斌殺的？當初那麼就給人殺了，現在真的會給我們翻回來了？

等待太久，執拗的人們終於給聶樹斌一家洗刷了清白，雖然傷害已經永遠無法撫平。

2016年12月2日，最高人民法院對的聶樹斌案，做出再審終審判決：推翻1995年3月15日和4月25日，由河北省石家莊市中級人民法院

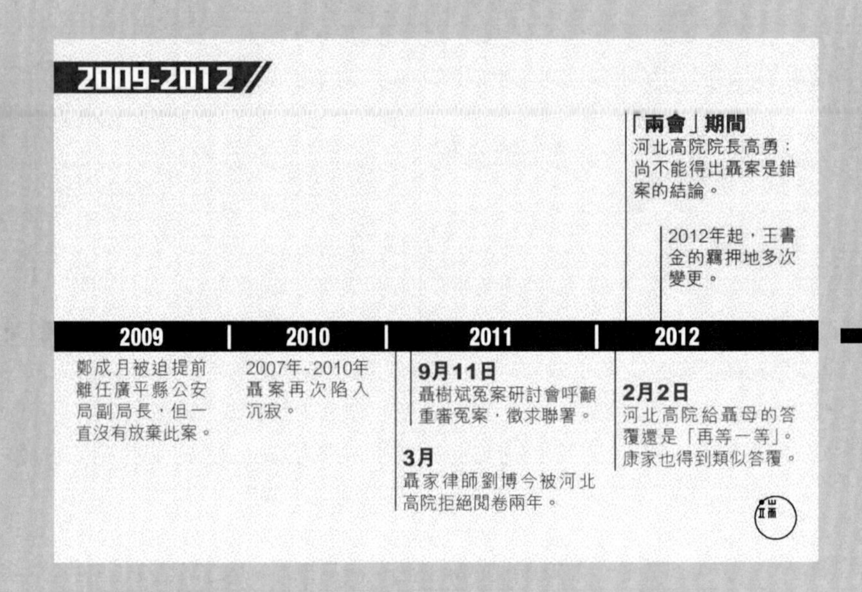


和河北省高級人民法院作出的，對聶樹斌故意殺人罪、強姦婦女罪的一審和終審死刑判決，判處聶樹斌無罪。

## 與兒子的最後一面：他有話要說

兒子死了整整二十一年，這二十一年的過往，和有關二十一歲兒子生前的一切，張煥枝講了無數次。很多細節已經忘了，有的卻終生不忘。

出生於1974年的聶樹斌是家中獨子，初中畢業，在與石家莊毗鄰的鹿泉市的一所校辦工廠做焊工，老爹聶學生在石家莊聯鹼廠工作，姐姐是當地鄉村學校的老師，媽媽耕種二畝地。在二十歲之

## 2013-2014

**「兩會」期間**
河北高院：聶案「核查工作整體難度較大，仍需依法繼續核查」。

**6月23日**
王案二審二次開庭前，馬雲龍發文透露河北官方威逼利誘王書金翻供。

**6月25日－7月10日**
河北高院在邯鄲中院再次開庭審理王書金上訴案。王並未翻供。

**6月27日**
王書金的律師朱愛民在河北高院首次接觸少部分聶案卷宗原件。

**7月1日**
楊金柱等多名律師加入為聶樹斌申訴，首要訴求仍是查閱全部卷宗。

**9月27日**
河北高院維持王書金案一審判決，對石家莊姦殺案不予認定。

**2013**

**2014**

**「兩會」期間**
河北高院院長衛彥明：如最終確定不是王書金做的案，就沒必要核查聶案。

**12月12日**
最高法指令山東高院複查聶案。

前，他的生活算得上順利。唯一的煩惱是，因有嚴重口吃，聶樹斌性格自卑，從沒談過戀愛，見到陌生人和女人會害羞，幾乎沒有朋友。但是家人寵著他。1994年，姐姐聶淑慧給他買了一輛藍色山地單車，這是村裡的第一輛時髦車，誰也沒想到，不久的日後，它給聶樹斌招來致命橫禍。

1994年9月23日，石家莊市郊區公安分局的幾名警察來到聶家，張煥枝才知道前一晚沒回家的聶樹斌被抓了。警察拿出一張照片問張煥枝，這是你家的嗎？照片上顯示一件女式上衣，沒有血跡。張煥枝在迷惑中否認了。警察隨後又來搜查了三次，拿走一個日記本，他們說聶樹斌因有作案嫌疑被逮捕了。什麼案子？什麼嫌疑？驚慌的家人詢問詳情，警方沒有透露更多。

**2015-2016**

**3月17、18日**
聶案律師首次獲准查閱完整卷宗。

**4月28日**
山東高院就聶案舉行聽證會，但未立即給出複查結論。

**4月30日**
法學教授洪道德指質疑不足以翻案。律師陳光武公開聶案資料。

**5月4日**
律師楊金柱將聶案全部18本案卷網上公開。

**5月19日**
律師楊金柱稱因公佈聶案卷宗遭長沙律協立案調查。

**6月11日**
最高法批准延長聶案複查期限至9月15日。

**9月15日**
聶案複查延期至12月15日。

**12月14日**
聶案複查延期至2016年3月15日。

2015 | 2016

**2月**
聶案複查延期至6月15日。

**6月6日**
最高法決定重審聶案。

**11月25日**
再審合議庭聽取張煥枝和律師李樹亭的意見。

**12月2日**
最高法院宣告撤銷原審判決，改判聶樹斌無罪。

聶樹斌案21年大事記。（圖：端傳媒設計部）

幾天之後，一張逮捕證送到聶家，上書「聶樹斌因犯有強姦、故意殺人罪行，於10月9日執行逮捕」。聶樹斌的父親，在工友們眼中老實至極的聶學生發了瘋，狂喊著「我兒子不是這樣的人！我兒子不是這樣的人！」拒不簽字。警察說，簽吧，你兒子自己都承認了。

張煥枝記得自己最後一次見到兒子，是1995年3月12日，只有兩分鐘。

「他背對著門，我喊了一聲『樹斌』，他原本雙手捂著臉大哭呢，放下手，看見是我，猛一下不哭了，只叫了一聲媽。他旁邊有四個法警。我推門想往裡走，還沒走到他那裡，法警就把我推出來了。」

鄭成月和張煥枝在家裡聊天敘舊。（攝：Wu Hao／端傳媒）

那天，石家莊市中級人民法院不公開審理聶樹斌強姦殺人案，因「涉及隱私」，作為被告家屬的張煥枝也不讓進。在法院門口馬路上等著的時候，她看到兩個法警把兒子從警車上押進了法院。一個多小時後開完庭，在主審法官康平和法庭指定律師張景和的陪同下，她在法庭後面的一個小屋中看見了聶樹斌。

張煥枝老遠就聽見兒子在大聲哭。「他背對著門，我喊了一聲『樹斌』，他原本雙手捂著臉大哭呢，放下手，看見是我，猛一下不哭了，只叫了一聲媽。他旁邊有四個法警。我推門想往裡走，還沒走到他那裡，法警就把我推出來了。」

二十多年來，她向媒體無數次回憶起這段細節。她說，總覺得兒子有話要說，但是聶樹斌口吃，啥也說不出來。

事後張煥枝得知兒子在法庭上「承認了罪行」。張景和律師說證據不足，無人證、物證，只有聶樹斌的口供，他做的是有罪辯護。

4月28日，聶學生去看守所送衣服，看門人隨意說了一句，別送了，你兒子昨天就被槍斃了。

聶學生腦袋發矇騎車回家，告訴躺在床上的妻子，兒子已經被槍斃了。「不敢相信這是真的，他們咋會不通知我們家屬就秘密槍斃了呢？」

他們甚至不知道，法院槍斃人是應該要有判決書和通知的。

被害人康菊花家的處境也同樣慘淡，女兒被殺，康家申請的六萬元經濟賠償，聶家拿不出來，聶學生一個月工資僅二十七元，東湊西湊兩千元給康家送去了。三天後，聶家從火化場領回聶樹斌的骨灰。

## 滿眼的娃娃，哪一個是我的兒啊！

1997年，有人來給聶家介紹陰親，一個比樹斌小六歲的女娃，死於白血病。張煥枝想讓兒子「死了也能成一個家」，就接了這門親，給了女方家長兩千元彩禮，一起吃了一頓飯。但兩家人並不走動。聶樹斌的墳頭低矮，裡面埋著他和陰婚妻子的骨灰。但現在回頭想，親友們已經不敢確認，那是不是聶樹斌本人的骨灰。

接下來的很多年，出了強姦殺人犯的聶家小院，成了全村人教育孩子必然會舉的反面典型。

「再不聽話，也像聶樹斌一樣被槍斃了去！」走在下聶村的巷子裡，聶學生不只一次聽鄉親在家呵斥娃傳來的怒吼，一聲聲震著他耳膜，老漢擦把淚，裝作聽不見，脊梁骨卻挺不起來。

也有親友主動上門。聶學生快退休了，他在石家莊聯鹼廠算有穩定工作，原本兒子可以去接班，現如今，聶樹斌被槍斃，頂替名額被空出來，成了被眾人眼熱的肥缺。遠親近友排著隊來說，希望聶家讓出名額，給自己家的孩子。聶學生死頂著，沒鬆過口。

廠裡車間裡安排聶學生帶學徒，一群十八九歲的年輕小夥，淘氣愛玩不聽話。每天下班回來，聶學生都跟老伴哭：「滿眼的娃娃，哪一個是我的兒啊！」

在崩潰邊緣，聶學生兩次吞藥自殺，都被救下，沒死成但是落下了殘疾：偏癱，拖著棍子才能行走，生活卻幾乎不能自理。熟識他的人說，聶學生性格發生很大變化，經常瞬間爆發狂躁症狀。直到今天，他每月從廠裡領的退休工資，是家裡唯一穩定的收入。

聶家人就這樣臊眉耷眼地熬了十年，直到《河南商報》的記者上門，給聶家帶來一個如晴天霹靂的消息。

聶樹斌母親張煥枝。（攝：Wu Hao／端傳媒）

記者馬雲龍。（攝：Wu Hao／端傳媒）

## 天上掉下來個「真兇」

2005年1月末，《河南商報》發布了一則不起眼的新聞：〈河北「摧花狂魔」滎陽落網〉，說一名潛逃多年的嫌犯王書金，春節大排查中在河南被抓獲。在聯合審訊中，他痛快交代了自己曾經在河北強姦多名殺害四名女性。

寫這篇稿的記者楚陽還了解到，河南河北兩地的公安發現這事很棘手：因為有個年輕人作為其中一起兇案的兇手，十年前就被河北法院宣判死刑處決了。他將這個還未能查證的信息，告訴當時以顧問身份主持編輯工作的馬雲龍。

一案兩兇！直覺告訴馬雲龍，這是千載難逢的大新聞。「我一直希望找一些案子，讓我說我一直想說的話」。他說，在中國冤殺的案件若得昭雪，只有兩種可能性，一是真兇浮現，一是死人回家。

當時已經六十歲出頭的馬雲龍，畢業於北大中文系。文革末期，他曾因為「惡毒攻擊」國家領導人，當作現行反革命被捕，關押期間，「四人幫」倒台，以「未決死囚」的身份，馬雲龍在看守所裡待了四年半。恢復自由後，輾轉做了幾份工，直至加入報業，才如魚得水，並一舉成名。

因著這段經歷，馬雲龍說自己明白聶樹斌被冤殺的狀態：「我

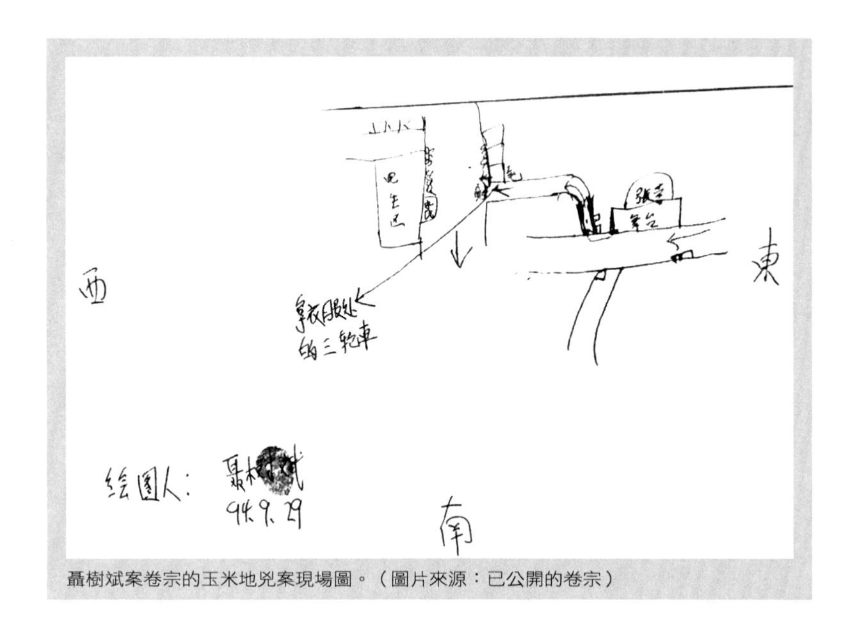


聶樹斌案卷宗的玉米地兇案現場圖。（圖片來源：已公開的卷宗）

懂得一個被冤屈的死囚在死牢裡等著被槍斃的感受。他生前如何做活死囚，最後如何度日如年，我都可以想像出來。」

馬雲龍點名調查記者范友峰和楚陽，再赴河北，進一步查找案情的關鍵細節：這個被冤殺的「假兇」是誰？受害人又在何地？當時的石家莊公安是誰承辦的這個案子？當初如何就下了死刑判決？

兩個記者從已經被捕的王書金入手調查。他們在河北省廣平縣公安局，見到王書金專案組組長、廣平縣公安局副局長鄭成月。

「他個子不高，有點黑，說話不太客氣，比較直接，一看就是老刑偵，很不好打交道的那種人，」范友峰回憶。鄭成月告訴他們，審訊進行得很順利，王書金「竹筒倒豆子似的」交代了三起強姦殺人的具體地點。不過，關於可能替王書金頂了罪的那個年輕人，鄭成月只說：「一個大概姓聶的，在石家莊西郊。」

我懂得一個被冤屈的死囚在死牢裡等著被槍斃的感受。他生前如何做活死囚，最後如何度日如年，我都可以想像出來。

根據這僅有的線索，兩個記者在石家莊郊區的村子裡大海撈針般問了三天。他們不停地換出租車，向出租公司打聽，來來往往的幾百個司機沒人知道這起殺人案，最後還是一個村幹部幫忙鎖定了下聶村。在村頭的一棵二百多年的大槐樹下，記者們終於見到「神情恍惚」的張煥枝，走進了被「淒風殘雨籠罩」的聶家。

張煥枝回憶自己初見范友峰時，滿腹疑問，「他們啥都不明說，只是說幫助調查案子。我問，你們河南的記者調查這個幹啥？他們也不回答。」

第二天，張煥枝領著他們去找十年前聶樹斌的辯護律師張景和。在石家莊市區的一片平房內，高高個子的張景和態度很不好，不願意透露辯護過程。范友峰詢問出，張其實是司法局的幹部，沒有律師證。而按照規定，法律工作者不能以律師名義收取代理費，更不能對當事人謊稱自己是律師。范友峰回憶，張景和認為聶樹斌就是殺人兇手，他對自己辯護的案子，沒有疑問。

「我一聽生氣了，就質問他說，既然沒有疑問，你還辯護啥，還收人家聶家兩千塊律師費？」范友峰和張煥枝又向張景和要聶案的判決書，卻被告知，在搬家過程中「丟了」。

第二天，范友峰指點張煥枝帶著女兒聶淑慧「趕緊找關係，去石家莊中院要判決書」。張煥枝找到了一個朋友，帶著她們在法院的檔案室看到了判決書。這也是事發十年之後，她們第一次看到判決書。

范友峰專門囑咐聶淑慧，儘量給判決書拍照，「也許這就是唯一一次機會。」但拍照和複印都沒有被允許，聶淑慧於是摘抄了基本案情，交給了范友峰。

當記者再聯絡法院時，法院以各種理由推搪，判決書已經看不到了。法院線索斷了，兩個記者又從當年經手聶案的警察繼續調查。

**案子都過去十年了，我也不知你們問這事的目的，這事難辦。對聶樹斌一案我記得太清楚了，但就是不能告訴你們細節。**

當年聶案所在片區橋西裕華分局政治處的民警張建勛，給了記者一個名字：焦輝廣，說他當時曾參與辦理過聶案，對案情細節特別清楚。記者輾轉找到了已經調任東華路刑警中隊中隊長的焦，他非常警惕，只說自己參與過破案，寫過一篇通訊，發表在報紙上，但不肯多說。「案子都過去十年了，我也不知你們問這事的目的，這事難辦。對聶樹斌一案我記得太清楚了，但就是不能告訴你們細節。」

採訪結束，焦輝廣指著范友峰說：「你這次走不了啦。」楚陽發現，警察們把他們鎖在了二樓。范友峰將楚陽安撫到一邊，與焦輝廣周旋了一陣，才得以脫身。

兩位記者在《河北法制報》、《燕趙都市報》和《石家莊日報》社的檔案室內翻查了三天，搜遍所有二月至五月期間的法制新聞、頭版和國內版消息，終於在1994年10月26日《石家莊日報》的二版上，找到了這篇焦輝廣所寫的通訊稿：〈青紗帳迷案〉。

〈青紗帳迷案〉中寫：

> 「在指揮員的嚴密部署下，一張查尋和守候騎藍色山地車男青年的天網悄悄鋪開。9月23日下午6時20分，騎藍色山地車的男青年終於又出現在電化廠平房宿舍，被守候的偵查員張日強和杜同福當場擒獲。」
>
> 「經審查，此人叫聶樹斌，今年二十一歲，是鹿泉市綜合技術職業學校校辦工廠工人，他只承認調戲過婦女，拒不交代其他問題。幹警們巧妙運用攻心戰術和證據，經過一個星期的突審，這個兇殘的犯罪分子終於在9月29日供述了攔路強姦殺人的罪行。」

「8月5日下午，他遊蕩中從張營村偷走一件半袖襯衣，行至新華路檢查站附近時發現康老漢的女兒騎車駛入田間小路，便尾追上前將其撞倒，拖至玉米地打昏強姦，又用襯衣將其勒死。事後的一個多月之後，他又出來蓄謀強姦作案，沒想到剛露面就落入了法網。」

這是聶家第一次見到官方描述的案情經過。也是在律師見到所有案卷之前，唯一可找到的，對聶樹斌案情經過的官方描述。

## 媒體聯動：揭開一案兩兇

2005年3月，河南鄭州，馬雲龍看到記者的初稿，覺得案情仍然太模糊。他自己又跟著楚陽去了趟河北廣平縣，拜訪鄭成月，想從王書金的角度再突破。

鄭成月回憶說，王書金的記憶力驚人，十年前自己幹的幾起案件，都一一指認了犯罪現場。在石家莊，他詳細地描述了自己如何把一個騎自行車的高個子女人拖入玉米地，強姦並掐死。他供述的關於強姦過程的細節，包括現場地理特徵，都與現場物證高度吻合，比如作案玉米地的位置朝向，比如受害人康菊花身上有一串鑰匙，作案後被他扔在腳底下。這樣的細節讓鄭成月從刑偵角度堅信不疑，石家莊西郊玉米地裡的姦殺案，就是王書金所為。

但鄭成月與石家莊郊區分局的同行交涉多次，卻要不到當年玉米地案的勘查「現場記錄」，無法比對證據。廣平縣公安局也曾給石家莊相關分局發函五六次，要求調查石家莊玉米地一案，未得到任何回覆。

如此，鄭成月遲遲無法向檢察院移交偵查案卷，推進程序。

**在簽版前一晚，馬雲龍告訴報社通聯編輯：向全國一百多家報紙傳送此稿，歡迎轉發，『不要稿費』。**

通缉要犯在河南落网，给十年前河北一宗死刑案画上大大的问号——

# 一案两凶 谁是真凶？

认定是此案的凶犯，并于1995年4月[illegible]日被河北省高级法院核准并执行了死刑。

一起重大强奸杀人案审结执行十年后却突然冒出了另一个凶手，到底王书金和聂树斌谁是当年的真凶？带着重重疑虑，记者近日对当年案件当事各方进行了采访。

## 河北“狂魔”河南落网

## 和谐社会的基石

□罗斌

今年是党中央提出“着力构建社会主义和谐社会”的第一年。“和谐社会”已经成为全党、全社会的共同目标。

建设和谐社会，不意味着没有问题和矛盾。重要的是及时发现问题、纠正错误、解决矛盾，这样才能达到真正的和谐。而忽视甚至掩盖问题和矛盾，恰恰是为社会埋下了不和谐的种子。

如何建设和谐社会？胡锦涛同志诠释是：民主法制、公平正义、诚信友爱、充满活力、安定有序、人与自然和谐相处。这其中，民主法制、公平正义更是构建和谐社会的两块重要基石。而“全面加强党的执政能力建设”更离不开这两块基石。

执政能力是什么？《曹刿论战》中说：“小大之狱，虽不能察，必以情。”《毛泽东选集》第一卷对此的解释是：对狱讼处置得合乎情



2005年3月馬雲龍關於聶樹斌案件一案兩兇事實的報導。（攝：Wu Hao／端傳媒）

陷入兩難時，好友勸他：「你找個記者把這事捅出去，就有人管。」范友峰和楚陽第一次找上門時，鄭成月還猶豫著沒打定主意；到馬雲龍與楚陽二度上門，他下了決心。他和馬雲龍形成默契，要用媒體把「一案兩兇」的蓋了揭開。

在新材料的基礎上，稿件更新完成。最後，兩三個記者一起署名，馬雲龍決定把自己的名字放在最前面，他對記者說，有責任，我承擔。

他們計劃在2005年3月15日，中國的「消費打假日」這一天發稿，標題就叫：〈一案兩兇，誰是真兇？〉。在簽版前一晚，馬雲龍告訴報社通聯編輯：向全國一百多家報紙傳送此稿，歡迎轉發，「不要稿費」。

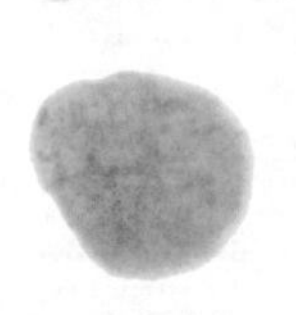

當時中國互聯網初興，門戶網站和BBS論壇百花齊放，市場化媒體上的調查類報導也正蓬勃發展。2003年廣州的孫志剛事件，學者、記者、律師聯手推動收容制度的廢除，民間公共參與的熱情正高漲。馬雲龍本能地感到，這單新聞「沒有獨家」，要想形成持續的關注，必須藉助所有媒體的力量。

果然，報導一出，多家媒體轉載，舉國譁然。各路記者都衝向核心信息源石家莊。河北省委不得不召開新聞發布會，承諾立刻成立聶樹斌案調查組，一個月內向社會公布結果。

馬雲龍以為，真相很快會大白了。

## 律師團初成：聶案、王案一起查

趁熱打鐵，《河南商報》的記者們開始幫聶家找律師。有人推薦了李樹亭。

1964年出生的李樹亭是調查記者出身，石家莊人，曾供職《燕趙都市報》和《河北日報》。他在邯鄲和唐山兩個殺人案中，令辯護人無罪釋放並獲得國家賠償。〈一案兩兇〉一文見報的當天，楚陽陪著張煥枝和女兒尋到李樹亭的律所，四層樓爬上去，老婦又急又累，一下子跪在李樹亭面前不起來，請他接下這「天大的案子」。

李樹亭不敢立刻答應，他先分析了申訴聶案會面臨的三個難關：一、案發太久，調查取證會非常困難，當年的知情人或證人，也許會記不清或不願意說。二、如果是冤案，公檢法有關部門可能都不會配合，翻案會損害他們的執法水平和司法形象。三，如果當年辦案人員曾立功升遷，這些人會為了政治前途不受影響，千方百計阻撓案件的調查糾正。

張煥枝聽後，長跪不起，李樹亭也只好反跪下來。這是無法推辭的請求，李樹亭第二天就與聶家簽了風險代理（注：打贏官司支付律師費）律師委託書，正式加入申訴團隊。雙方約定，如果有一天伸冤成功，國家給聶家的賠償，20%會給李樹亭的律所。不過李樹亭後來說，沒打算過拿這筆錢。

這時，媒體的調查開始指向聶案背後可能的司法黑幕。冤案到底如何形成？問題問到這裡，艱險之境慢慢浮現。

繼《河南商報》之後，最早介入調查、也是持續時間最長的《南方週末》記者趙凌回憶：「公檢法如鐵板一塊，很難突破。」

在當年最初階段的採訪中， 她曾輾轉找到石家莊市中院院長秘書，被告知：「中院正抓緊調卷審查，同時和檢察院、公安機關正在溝通……一定會給大家一個結論。如果結論真是錯案，我們將按照最高法的錯案追究制度進行處理。」依據1998年中國最高人民法院的《錯案追究責任辦法》，一旦錯案成立，法院將依程度不同處理相關責任人：檢查、通報批評、紀律處分、司法處理都有可能。

趙凌在當時的報導中記錄了自己的處處碰壁：

十年前辦案的刑警，關機。「在記者多次短信的追問後，他最終回覆短信：可以負責地告訴你，我不是辦案民警。」

十年前聶案的公訴人「拒絕接受採訪，但側面表示聶案當時證據十分充分，足以認定。」

十年前的主審法官說：「當時調查證據比較充分、比較紮實。我現在不能說這個案子錯了，也不能說對了。按領導說的算，領導怎麼說，我就怎麼定。」

**公檢法如鐵板一塊，很難突破。**

趙凌在聶淑慧的幫助下找到當時已七十歲、法院給聶樹斌指定的律師張景和。沒敢亮明記者身份，謊稱自己「是檢察院系統的」（她上一份工作在《檢察日報》），趙凌問張景和，聶樹斌是否向律師說過自己捱過打。張堅持說沒有，還堅持說在三次律師會見中，聶樹斌從未喊冤。這一次之後，再沒有媒體找到張景和。

鄭成月曾在第一波媒體採訪中信心滿滿，他還反覆對張煥枝說：「你要相信政府，相信組織的調查，相信我。」

但很快，趙凌發現鄭成月也開始沉默了。直到多年之後，鄭成月才承認，河北成立的工作組，在調查聶案的同時，也開始調查他本人。

感受到氣氛的微妙轉變，馬雲龍意識到，除了聶樹斌案，還要趕快給王書金找律師——如果聶案還未查清，而王書金這個「真兇」死了怎麼辦？

當時，中國的死刑審批權還沒有收回到最高院，各省高院就有權判死刑。而王書金身負多起命案，本人又供認不諱，人證物證俱在，如果進入司法程序，被判處死刑甚至立即執行的可能性非常大。

為了確保留下這個「活人證」，掌握王書金在看守所的動態，並設法從他的案件審理中獲得更多與石家莊玉米地姦殺案有關的司法證據，證明聶樹斌的無辜，馬雲龍在朋友介紹下，找到了北京律師朱愛民。他這樣形容：1955年出生的朱愛民的特點是面對媒體殷勤穩重，「相對好被團隊操控」。

李樹亭、朱愛民、馬雲龍，聶案申訴團隊初成。

他們首先定下方向：聶案、王案必須「兩案併一案」，一起打。一方面，聶案要極力申訴，另一方面，律師儘快會見王書金並

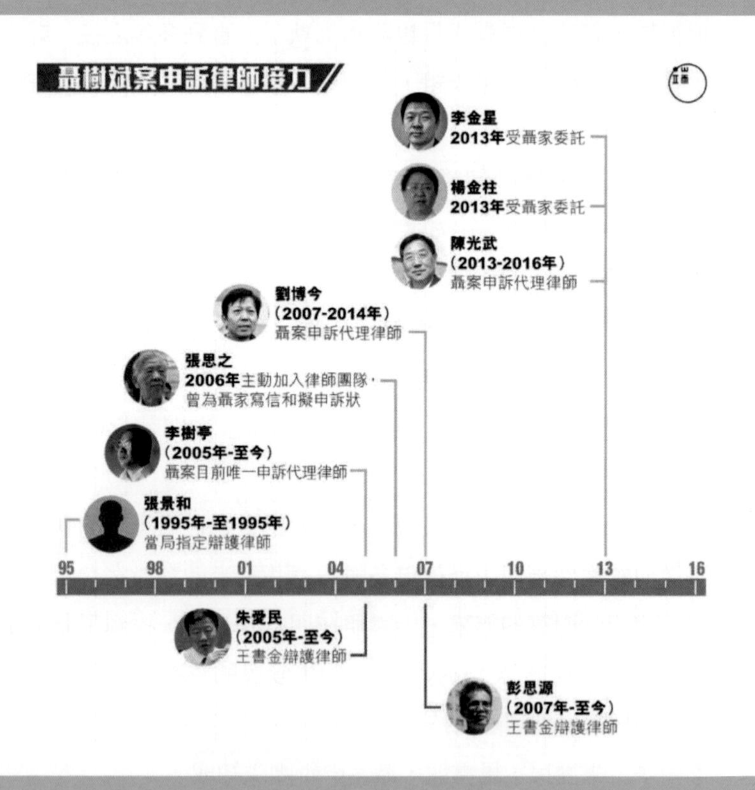


從1995年到2016年，先後至少有七位律師參與聶樹斌案，其中六位參與申訴，兩位律師參與王書金案。（圖：端傳媒設計部）

隨時向公眾披露信息，要通過合法渠道了解到王書金的所有情況，配合聶案的申訴。

此時，誰也沒想到，這個眼看就要查清楚的案子，會再拖上十一年。

## 王書金案：形勢開始起變化

廣平縣看守所找不到王書金。自從朱愛民接手了王的案子，很長一段時間他都沒能見到王，甚至不知道王被羈押在哪裡。

曾是王書金專案組組長、媒體最重要的「內線消息源」鄭成月也不說話了。

一直到九年以後，2014年，鄭成月才向媒體斷斷續續地披露，2005年3月15日，媒體揭開一案兩兇之後的這段時間，發生了什麼。

2005年3月16日，《河南商報》發出報導的第二天，河北負責政法工作的省委副書記劉金國組織了一次公檢法三方的聯席會議。在場的有河北省高院、省檢察院、省公安廳的人，他們叫了鄭成月去彙報，但沒有向他介紹在場聽彙報的成員。

會議上，鄭成月記得，石家莊刑警隊紀委說：「我們接到聶樹斌案和王書金承認是兇手的案子以後，對當時辦案的郊區公安分局的民警逐個進行了詢問。確認沒有刑訊逼供，聶樹斌是主動供出了犯罪事實。」石家莊中院管刑事的副院長則拿出聶樹斌案卷，說：「聶樹斌口供和交代都是自己主動的，證據確鑿充分，殺聶樹斌準確無誤。」

「劉書記，只要接觸過王書金的人，可以確定99%是他。」

劉金國又讓鄭成月彙報王書金對案情的交代。鄭成月詳細回憶了王的說法：「2005年1月18日，王書金在河南滎陽公安局刑警隊供述出了1994年玉米高的時候，在玉米地殺死了一個女的，他回到廣平以後，又如實地說了這個案子，我們帶著他去辨認了現場，他準確地指認了現場，我們問了玉米地主人、村裡的幹部，都無誤。更詳細的是，他不僅說把裙子脫下來，還說了在她身邊發現一串鑰匙，拿著走時，死者是頭東腳西的。他走到小道上，想拿了鑰匙怕被警察發現，又回去扔在了女的腳後大概一米遠處。我想這個細節都能說清，如果不是作案人員，是說不清的。」

劉金國追問：「現場有沒有這串鑰匙？」

公安廳的人說有。

劉金國又問：「聶樹斌交代了嗎？」

「沒有。」

最後，劉金國問鄭成月，他認為王書金作案的可能性有多大。鄭成月不假思索：「劉書記，只要接觸過王書金的人，可以確定99%是他。」

劉金國當場宣布成立兩個專案組：由省公安廳刑偵局牽頭，廣平縣公安局配合，對王書金案進行嚴格調查；由河北省高院牽頭，石家莊中院配合，對聶樹斌案進行複查。

這讓一直熱愛警察事業的鄭成月非常振奮。

但是形勢很快就不對了。河北政法委的聯合調查組，把王書金從廣平縣看守所押往河北邢台異地羈押，在邢台看守所關押了六個月，卷宗也都拿走了。

聯席會議之後一週，劉金國調任公安部副部長。而聯合調查組對聶案和王書金案的複查，持續到2005年8月20日左右，然後就宣布了結論：河北省政法委2005年第37號會議紀要決定，對聶樹斌案不起訴。

2006年開始，因為一個案件的投訴，河北省紀委組成調查組，開始經年累月地調查鄭成月，鄭成月覺得這都是因為他在聶和王的案子裡「說了真話」造成的。

他說原本認為自己破獲了一個重大案件，可以完成一個舊案的

李樹亭律師。（攝：Wu Hao／端傳媒）

鄭成月。（攝：Wu Hao／端傳媒）

昭雪，但很快發現，找到真兇，會讓當初參與抓捕、審訊、審判、處決聶樹斌的所有石家莊和河北公檢法系統的同志們，難為情。

## 聶樹斌案：打開的門一扇扇被關上了

另一邊，開始為聶案在法院系統尋求司法救濟的張煥枝和律師也發現，一扇扇將要打開的門，又被硬生生地關上了。

根據中國法律規定，要為聶樹斌的冤案糾錯，首先要推倒石家莊中院的死刑判決。方法是拿著判決書去向高一級法院申訴。

曾在石家莊中院檔案室一現真容的判決書不見了。張煥枝、聶淑慧、律師李樹亭一次次向石家莊中院和河北高院索要，均告失敗，拒絕的理由多種多樣，有時說法院正在調卷，有時又說，雖然按照1996年修訂的《刑事訴訟法》及最高法院司法解釋，判決書必須送達被告人近親屬，但聶案發生在1995年，是1996年前的舊案，所以拒絕提供。

雪冤之路就這樣卡在低級的程序障礙裡：拿不到判決書，就無法進行申訴和申請再審。

2005年4月，同情張煥枝遭遇的下聶莊村民約五十餘人組織起來，去河北高院討要判決書。據當年在場的媒體回憶，副院長李少平很強硬：研究決定，判決書現在不給！

王書金案卷宗翻拍。（攝：Wu Hao／端傳媒）

就說是接到一份神秘快遞，不知是誰送來的判決書。

時間一個月一個月地過去，從法院一直拿不到判決書。張煥枝和李樹亭律師想到了找當年的受害人康菊花一家。聶案判決後，康家收到了法院判決書。

但是康菊花的父親康老漢脾氣倔強。張煥枝通過鄉親關係介紹，上門找過康家，希望能複印一份判決書，但被康老漢痛罵出門。女兒遇害十年之後，康家從未走出傷痛，而新一輪的媒體報導，令他氣憤於自己女兒的隱私和家人的傷疤被又一次重新揭起，一怒之下，起訴了多家媒體名譽侵權。

李樹亭沒放棄。摸準了康老漢脾氣之後，性格溫和的他不多說什麼，只是隔三差五去拜訪看望，噓寒問暖，還經常幫忙寫文書。一年多時間裡，十幾次登門，2007年4月1日，在康老漢貌似漫不經心遞過來的一疊文件中，李樹亭赫然看到了聶樹斌案的判決書！

從康家出來，飛奔下樓，欣喜若狂的李樹亭衝去將這幾頁紙複印了二十份，又一路驅車去聶家，交給張煥枝這份千呼萬喚才到來的判決書。

為了不給受害人家再添惹新的麻煩，李樹亭囑咐聶家人，「就說是接到一份神秘快遞，不知是誰送來的判決書。」

石家莊市中級人民法院於1995年3月15日作出的判決書中，認定：「聶樹斌於1994年8月5日17時許，騎自行車尾隨下班的石家莊市液壓件廠女工康菊花，至石郊孔寨村的石粉路中段，聶故意用自行車將騎車前行的康菊花別倒，拖至路東玉米地內，用拳猛擊康的頭、面部，致康昏迷後，將康強姦。爾後用隨身攜帶的花上衣猛勒康的頸部，致康窒息死亡。」判決：聶樹斌「犯故意殺人罪，判處死刑，剝奪政治權利終身；犯強姦婦女罪，判處死刑，剝奪政治權利終身。決定執行死刑，剝奪政治權利終身。」

終審判決書顯示，聶樹斌不服，向河北省高級人民法院提出上訴。

河北省高級人民法院1995年4月25日作出終審判決，維持故意殺人罪的原判，減輕強姦罪的量刑，但兩罪並罰，仍然「決定執行死刑，剝奪政治權利終身」。

2007年7月，聶家同時向最高法院、河北高院提起申訴，要求再審聶樹斌案。

河北高院的工作人員看到張煥枝手持判決書，驚訝地問：你是怎麼拿到的？

根據判決書上得到的信息，聶家認為原審判決明顯證據不足：沒有任何人證，直接指證聶樹斌對康菊花實施強姦和殺害；在現場沒有提取到指紋、腳印、精斑或其他痕跡，缺乏直接物證；現場提取的用來勒死被害人的花上衣也沒有查明來源。即，聶樹斌被定罪完全是依據他本人的口供，沒有任何直接證據。

依據中國《刑事訴訟法》第35條規定：「只有被告人供述，沒有其他證據的，不能夠認定被告人有罪和處以刑罰。」另外有規定，「間接證據只有在形成完整的證據鏈條，且排除了其他一切可能性的情況下，才能對被告人定罪。」

2007年11月5日，最高法院覆函受理，但是，「轉河北省高級人民法院處理，請你與該院聯繫」。從此，泥牛入海。

此後是漫長的等待。聶案團隊加入、更換過各路律師，一直到2016年，九年裡數任律師共向河北高院發出至少九十四次閱卷申請，均被拒絕或以各種方式駁回。

## 王書金不能死

當聶樹斌案的申訴因各種理由被耽擱、拖延，陷入漫長的等待之時，另一邊，王書金案的審理也進入了「想認罪卻不得」的詭異局面。

儘管王書金一直堅持，說1994年8月5日石家莊郊區玉米地裡強姦殺害康菊花的就是自己，但邯鄲檢察院堅持，只對另外四起犯罪進行公訴，不讓王書金與康菊花這樁與聶樹斌案直接相關的命案扯上關係。

2006年4月11日，河北省邯鄲市中院一審開庭審理王書金強姦殺人案，律師朱愛民回憶，在開庭審理過程中，王書金幾次主動供述在石家莊市郊區玉米地強姦殺人的犯罪事實，卻先後被主訴檢察官和法官以「不要說與本案無關的事情」為由喝止。

邯鄲市公訴機關最後以「查無實據」為由，不對石家莊西郊玉米地案作指控。

2007年3月12日，邯鄲市中級人民法院一審判決，判處王書金死刑，剝奪政治權利終身。

## 我都認了，他們為啥不聽我的？

就在關心聶案的人們擔心王書金被地方政法系統迅速執行死刑「滅口」的時候，2007年1月22日，最高人民法院公布消息，決定上收原本在各省高院的死刑複核權，當年2月28日生效。

王書金的死刑判決，「恰巧」在生效日之後。也就是說，只要王書金上訴，他的死刑複核就必須由最高法院來做，地方無法包辦。直至今天，包括鄭成月在內的很多人都認為，正是因為聶樹斌案而加速了最高法院下決心回收複核權。

一審判決後，王書金堅持上訴， 理由是：西郊玉米地案未被公訴，檢察院沒有如實認定他的犯罪事實。

2007年7月31日，河北省高院進行了二審第一次開庭，不對公眾開放。

開庭前，律師朱愛民見到王書金，告訴了他關於聶樹斌的消息。朱律師覺得，這應該是王書金第一次知道聶樹斌的事。

王書金愣了幾秒，說：「那不行，我幹的事，為啥放別人身上？」

「我都認了，他們為啥不聽我的？」

這兩個問題，王書金問了十幾年。

在河北高院二審的庭上，他繼續對殺害康菊花供認不諱，並表示不想冤枉任何無辜者——他說，知道自己的懺悔不會改變死刑結果，但仍要上訴，是因為不想讓好人替自己背黑鍋。殺人犯王書金的堅持，令所有人驚訝和感動。

但是二審開庭後，王書金案也如泥牛入海，歸於沉寂。

## 等等……再等等！

曾被2005年那一根線索點燃的所有人，在充滿希望地了兩年之後，發現所有努力，都彷彿拳頭打在棉花上，毫無聲息。

在漫長的等待中，原本有抑鬱症病史的李樹亭律師苦悶無法自拔，2007年一度出家。

鄭成月，曾經風光的公安局副局長，在2009年、四十九歲時被停職。在馬雲龍的介紹下，他到了北京李和平律師的事務所幫忙，接待來自全國的伸冤人士，以豐富的刑偵經驗提供刑法建議。

馬雲龍，2006年因為連續發表了幾篇得罪中央和河南宣傳部門的稿子，被《河南商報》解聘，該報也因此停刊整頓一個月。宣傳部發出指令，從此全國任何新聞單位，不可再任用馬雲龍。馬雲龍舉家遷居海南。但他每年回石家莊看老母親的時候，會跟張煥枝聯繫一下。時不時也會打電話，給張煥枝鼓勁。

關心聶樹斌案的人們，默默尋找讓此案重回公共視野、重回司法軌道的可能。

消息人士透露，聶樹斌案的快審、快殺、甚至『必須殺』，和許永躍主政時堅持『嚴打』有關。曾有媒體曝光，張越明確說過，只要自己在，『聶樹斌案就不能翻。』

賀衛方，北京大學法學院教授，一直關注中國司法改革和死刑廢除問題的著名公共知識分子，從2005年就開始撰寫評論，呼籲徹底糾正聶案錯誤。

此後的十幾年的日子裡，賀衛方形容自己：「關注聶樹斌案，沒事就為聶樹斌喊兩嗓子，用一切可能的方式在所有平台上討論和呼籲聶案的最終解決，成了我生活的一部分。」他在報紙上寫評論，網絡上寫博客，參加研討會，接受媒體採訪，並在每年的五六十場校園和公共講座上，用一切機會討論聶樹斌案。但2008年之後，賀衛方的個人際遇也逐年惡化，2013年以後，與幾乎所有大陸的自由派知識分子一樣，他的所有公共表達空間都萎縮到近似於無。

另一位著名的法學界知識分子徐昕，從2012年起，他會在微博上每晚定點推送關於聶樹斌案的帖子。他有超過三千萬微博粉絲，那些關於聶案的帖子，累計被轉發60多萬次，直至2016年6月，確定聶案再審才停止。一千兩百天的「每日一呼」， 徐昕自己在微博上寫：「經常感到絕望，不想再轉了，但總算堅持下來。」

斗轉星移，記者換了一批又一批，《南方週末》持續報導聶案的記者，換了三屆。

賀衛方。（攝：Wu Hao／端傳媒）

在最高法院，幾乎無人不知聶樹斌案，但是什麼力量讓案件如此陷入死寂？

有熟悉中國政治格局的人，關注著與聶案有關的河北官場人士變動。

1995至1998年河北省副省長、政法委書記是許永躍，聶案正是在他的主政時發生。他後來調任國家安全部，官至正部長，直至2007年8月被免職。消息人士透露，聶樹斌案的快審、快殺、甚至「必須殺」，和許主政時堅持「嚴打」有關。

而2007年起，主政河北公安政法工作的張越，公安出身，在官場中有「河北王」之稱，並被認為與周本順、周永康關係密切。曾有媒體曝光，張越明確說過，只要自己在，「聶樹斌案就不能翻。」

此時烏雲還未散去。等待中的張煥枝和律師們，從各級法院法官口中聽到最多的一句話就是：「再等等！」

## 逼供王書金：我不翻供！

2013年6月17日下午，王書金的辯護律師朱愛民突然接到一個電話，是王案二審的主審法官劉志廷打來的。劉志廷說，王案將在六月下旬再次開庭，並補充：「你可以會見王書金，他在磁縣看守所。」

彼時的朱愛民有些困惑。兩個半月前，他還去過廣平縣看守所，那是2007年起律師們唯一知道的王書金羈押地。但發現人早被轉去不知何處。兩三天後，準確消息來了：6月25日上午9點，河北高院主持的王書金案件二審，將被發回到邯鄲中院進行。

6月23日，馬雲龍說自己得到「確切內部消息」，稱王書金已經被做通工作，要改口供，全面否認自己與康菊花案有關。情急之下，當晚馬雲龍就在博客上發表〈一場驚天醜劇就要上演，真兇王書金將全面翻供〉的文章，冒險公開呼籲。

後來，他這樣解釋過自己的舉動：「打排球有一個動作叫封網，即看到對方攻擊點的時候，先把那個點給他攔住，讓他不敢從此過。」

6月24日上午9點30分， 律師朱愛民和彭思源在磁縣看守所會見了王書金。這一次，王書金透露自己曾在審訊中被逼翻供。

我如果承認是我幹的此案，他們就打我，我說不是我做的，他們就好好待我，不讓睡覺，用四五釐米寬小板子打腳心，手心。

根據端傳媒得到的兩位律師筆錄，王書金說，2012年1月17日，自己被押到保定市順平縣看守所待了一個多月，隨後又被帶到石家莊郊區的一個地點，在那裡待了半個月。審訊過程中，調查組的人沒有做筆錄，但做了錄音錄像。

「他們問了我的成長經歷，並提了一些我沒法回答的問題。他們提到石家莊西郊玉米地的案子，我如果承認是我幹的此案，他們就打我，我說不是我做的，他們就好好待我，」王書金說，「不讓睡覺，用四五釐米寬小板子打腳心，手心」。調查組勸他只要「不淌石家莊西郊玉米地案件的渾水」，就可以「給你的女人和你的孩子辦低保」，還說「你的律師達到目的，早就不管你了。」

見到律師時，王書金專門問起聶家的情況，還對自己一度被打得堅持不住就被迫改了口的行為有些懊悔：「朱律師，我實在挺不住了，沒事吧？」

但是會見的最後，王書金說，不管自己是死是活，都要求法院實事求是。他告訴律師：「我沒有翻供，也不會翻供！」

2013年6月25日上午，消失於公眾視線多年的王書金出現在邯鄲中院公開庭審現場。他穿著黃色看守所馬甲，比被捕前照片上黑瘦的樣子胖了很多，說著河南口音的普通話，思維清晰。邯鄲中院採取了微博直播，中央電視台等數家官方媒體到場。

在庭審中，檢方認為王書金關於被害人屍體特徵、殺人手段、作案具體時間、被害人身高的供述與石家莊西郊強姦殺人案實際情況不符，王書金並非聶樹斌案的「真兇」。而令人驚訝的是，檢方提交的證據，來源於聶樹斌的案卷，而不是對王書金供述的案情本身的偵查。其邏輯就是，因為聶案已定，王案自然不成立。

## 這不是同一件衣服！證據有假！

這荒誕的審訊中，聶樹斌案的申訴律師們第一次在檢方的投影儀上，看到了自己八年來一直求取不得的案卷資料：包括康菊花遇害現場的勘驗筆錄、屍檢報告、還有康菊花家屬的報案材料，等等。

坐在旁聽席上的張煥枝，當看到屏幕上出現一件花襯衫——檢察官認定是聶樹斌勒死康菊花的物證時，突然爆發了。

「這不是同一件衣服！證據有假！」她想起了1995年9月，警察到她家讓她辨認的那張照片上的襯衣。她失控地大聲喊了出來，但立刻被法警制止。

庭審進行到一半，兩位律師覺得案卷資料有重大紕漏，檢察官的質證也有明顯誘導，以案卷資料不是原件為由，要求查看聶案全部證據原件。在此請求下，合議庭宣布休庭。 終於在河北高院看到了聶樹斌案的原始案卷時，兩位律師發現，一百三十多頁的案卷竟

聶樹斌逮捕證翻拍。（攝：Wu Hao／端傳媒）

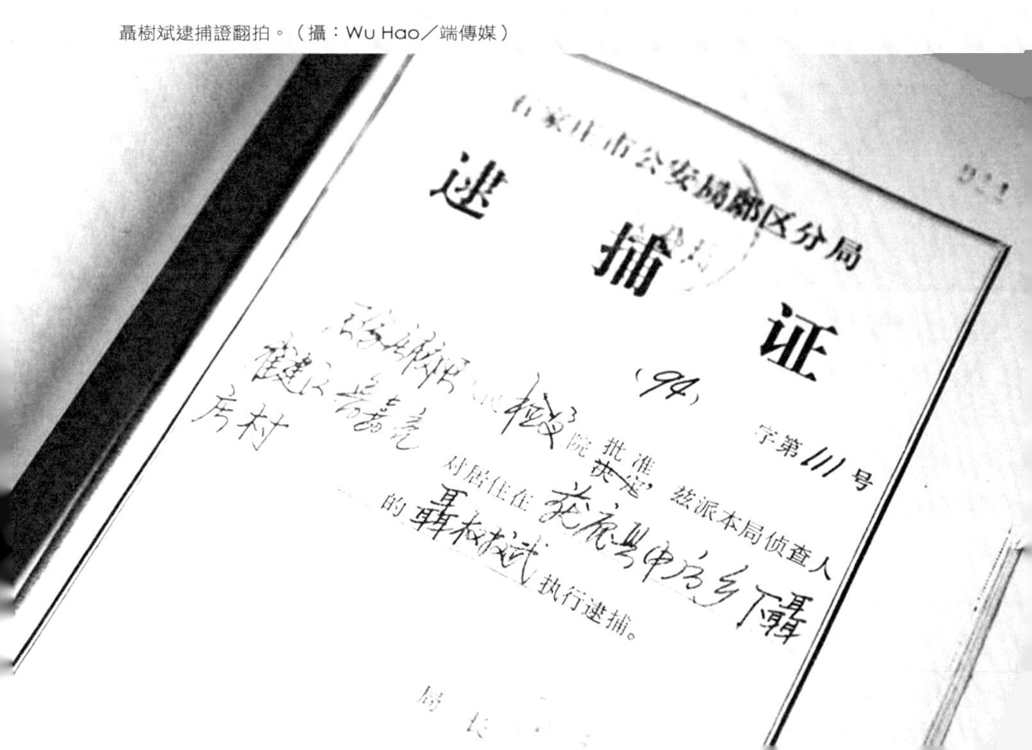

石家庄市公安局郊区分局

逮捕证

(94) 字第111号

院 批准 决定，兹派本局侦查人

对居住在

的

执行逮捕。

局长

被提前用魚嘴夾分疊夾住，法官直接翻到準備好的頁碼，只給他們展示其中的二十六頁，除了幾張受害人屍體照片之外，都是已在庭審投影儀上展示過的內容。朱愛民回憶，從案卷陳舊的狀態來看，之前應該有很多人查閱過。

兩週後，7月10日王書金案二審再次開庭。 辯控雙方依然持續著之前的滑稽邏輯：辯護方想方設法證明當事人就是真兇，公訴方則盡全力阻止他交代罪行。

2013年9月27日，河北高院在邯鄲宣判，駁回王書金上訴，維持死刑原判。河北高院表示，雖然王書金能夠供述出石家莊西郊強姦、故意殺人案現場的部分情況，但其供述與庭審中檢察員出示並經庭審質證、認證的相關證據不符，再次否認了王書金作為康菊花一案「真兇」的身份。

隨後，王書金進入最高人民法院的死刑複核程序，至今未有結論。

## 聶樹斌案：異地複查，20年後案卷見天日

2014年12月12日，最高法院決定開啟對聶樹斌案的「異地複查」，並指定山東省高院承擔，山東高院負責複查的合議庭由五

名資深刑事法官和兩名書記員組成。五名法官中，審判長朱雲三，是山東省高級法院刑二庭副庭長，法學博士，曾是薄熙來案二審法官。案件的具體承辦法官是孟健，曾擔任山東省高級法院刑三庭副庭長多年。

三天後，另一起著名的「一案兩兇」案件，內蒙古呼格吉勒圖案被終審無罪，塵封多年的冤案得以平反。呼格的母親給張煥枝打了個電話，告訴她：「堅持下去，你也能等到那一天！」這給了張煥枝很大鼓舞。

公眾的視線也再次回到聶案上。

2014年12月17日，馬雲龍召集了這些年來參與過聶案申訴的所有核心人員，在石家莊開了一次「動員會」。幾路人馬從不同角度總結了聶案十年積累下的核心證據，分析各路律師的風格與擅長，討論這一步最關鍵的「硬仗」該怎麼打，媒體和法律策略。

鄭成月和馬雲龍力主李樹亭再次出任複查階段的聶家律師，同時一併委託了老成的陳光武。朱愛民和彭思源仍是王書金的律師，兩個案子繼續一起推進。

2015年3月17日，山東高院通知張煥枝和律師們，可以進入法院，審閱聶樹斌案卷了。當涉及聶樹斌的三本案卷，王書金的八本案卷，以及之後多年河北法院、公安複查的六本相關卷宗，總計

## 近20年與聶案相似的冤案五例

**呼格案**

被認定犯下姦殺案，1996年遭槍決。2005年真兇趙志紅落網。2014年獲判無罪。

**陳滿案**

被認定於1992年犯下兇殺案，1994年被判死緩。2015年最高檢抗訴。2016年獲判無罪。

**于英生案**

被認定於1996年殺妻，2000年被判無期徒刑。2013年8月獲判無罪，3個月後真兇武欽元落網。

**念斌案**

被認定於2006年投毒致人死亡，2008到2011年四次被判死刑。2014年終被判無罪。

**黃志強等四人案**

被認定於2000年犯下兇殺案，2008年被改判18到19年半監禁。2012年方林崽落網，自稱為真兇。2016年11月30日，江西高院不公開開庭再審，擇期宣判。

### 申訴推動者

**湯計，新華社高級記者**

**程世蓉，研究所退休人員**

**張躍律師**

**張燕生律師**

**過去14年近50位律師介入**

涉及兇殺的冤案，不止聶樹斌一例，漫漫的洗冤長路，有人還在走著。（圖：端傳媒設計部）

十七本案卷終於擺在面前時，律師們震驚了。

李樹亭後來告訴端傳媒，這次閱卷範圍之廣，遠遠超出他們的預期。而很多當年的猜測，在看到白紙黑字的案卷後，更被確證。

李樹亭說：「案卷裡的漏洞如山一樣多。」

比如，聶樹斌9月23日被抓獲，但詢問筆錄卻從28日才開始。刑事偵查中，對被抓捕人突擊審問一向是最關鍵的階段，這一階段筆錄缺失，不符合偵查邏輯。後面一頁筆錄中，聶樹斌甚至說：「前六天都是胡說的，今天說的才是真的。」那麼，前六天聶樹斌說了什麼？這其中是否有刑訊逼供？

再比如，形成於1994年的現場勘察筆錄中，多次出現新華西路這樣地點，而李樹亭實地調查發現，該路段當時的名稱是「石獲南路」或「石獲公路」，因此懷疑筆錄涉嫌後期偽造。

至少六份案卷材料上，聶樹斌的簽名不是本人所簽。此外，卷裡甚至出現一份聶樹斌本人簽名的上訴狀，落款時間為1995年5月13日。但按照法院公告，聶樹斌當年4月27日已被執行死刑。李樹亭從筆跡上發現，這份上訴狀上的筆跡一筆一劃，足見簽名者的認真程度，「事關生死，他一定認真，所以這個簽名肯定是聶樹斌本人的」。由此，他推斷，死刑執行日期有詐。

「案卷裡的漏洞如山一樣多。」

李樹亭仔細研究了案卷中出現的死刑現場照片。在雪地裡，二十一歲的聶樹斌被五花大綁。無論是現場的天氣氣候，還是和聶樹斌一起行刑的人，種種線索彙整，執行日期都不可能是法院公告的1995年4月27日，而可能是1996年1月。

太多的錯漏，太多的草菅人命，也讓李樹亭看完所有資料之後，決心一定要翻案。他與被解職的警察鄭成月，重新原路勘查所有聶樹斌案的案發地點，重訪聶樹斌和王書金案卷裡所有證人，建

◀李樹亭律師與聶樹斌的父母聊天。（攝：Wu Hao／端傳媒）
▼張煥枝在用手機查看網絡上關於聶樹斌案的最新報導。（攝：Wu Hao／端傳媒）

立自己的證據鏈，並整理公布給社會各界，提交給山東高院。

2015年7月，從河北省委書記周本順落馬開始，多家國內媒體報導，「河北幫」倒了。2016年4月，「河北王」張越被調查，隨後被「雙開」。河北政法委曾在聶案中扮演的不光彩角色，包括後來媒體揭露的張越曾主持了王書金翻供，才越來越多為人所知。

## 聽證會，最後一次對決

2015年4月28日，山東省高院複議庭就聶樹斌案召開聽證會。

會議連開十一小時，直至深夜。山東省高院委託第三方邀請了各路代表十五人，其中包括人大代表、政協委員、人民法院監督員、「婦女代表」、「基層群眾代表」出席了聽證，此外山東省人民檢察院也指派了兩名檢察員出席。

聽證會分三個階段。第一階段開始，先播放了一個多小時由河北政法系統準備的案件介紹錄像，聶案的申訴人——張煥枝、李樹亭律師和陳光武律師卻不在現場，而是被安排在一間只能看聽證會現場視頻直播的房間等待。這時，律師們發現錄像的製作風格、內容布局乃至用詞，都有可能誤導聽證人員對案件的基本判斷，開始覺得「局勢不妙」。而聽證會進行了半個多小時後，律師仍然不被允許進場。陳光武發火了，提著包就要走人，被張煥枝攔住。此後，山東高院給他們調換了一個房間。這個房間掐斷了聽證會的直播。

第二階段，陳光武、李樹亭終於可以入場。李樹亭基於之前準備的材料，一一陳述在案卷中發現的問題和新蒐集的關鍵證據。為了這一刻，他頂住了此前不停被談話、暗示的種種壓力。他曾一度擔心自己的律師執照保不住，歷年辛苦準備的證據也會用不上。所幸，聽證會上，該說的、該陳述的，畢竟完整說了出來。

第三階段，則是安排給聶樹斌案原「辦案機關」，包括河北省公安、檢察、審判機關的人員依次發言。他們準備極其充分，對聶家代理律師提出的證據疑點，一一作出了反駁。

在聽證會結束後，陳光武接受《中國新聞週刊》採訪時忿忿地說，覺得「聽證程序的設計非常不合理」，「從河北方面播放宣傳片開始，又以河北方面對律師提出的問題進行回應後結束。前者容易讓聽證人員先入為主，後者則容易讓聽證人員輕信最後的解釋」。

這場聽證會，山東高院進行了微博直播，無數關注聶樹斌案多年的網友緊跟著討論議程，熱議起案件細節。當走出會場的律師們發現網絡輿論同樣受議程設定的影響，開始偏向河北官方的引導時，情急之下，他們直接在網上公布了證據。

4月30日，陳光武公布了聶樹斌被執行死刑的照片，以及其他有可能對輿論產生改變的案卷資料。5月4日，曾接受過張煥枝委託，但沒有獲得進入聽證會的楊金柱律師，公開了自己從陳光武處拿到的聶樹斌案的全部卷宗。楊金柱的這一冒險之舉打破了聶案律師與山東高院簽署的保密協議。由此，聶樹斌案徹底進入了「全民斷案」的狀態。

即便如此，聶樹斌案在山東高院還是被四次延長複查期限，從2015年6月到2016年6月，拖了足足又一年。直到2016年6月9日，消息傳來：最高法院決定再審聶樹斌案。6月20日，設於瀋陽的最高法第二巡回法庭正式接手聶案。

聶樹斌家門前。（攝：Wu Hao／端傳媒）

2016年12月2日，在再審決定下達六個月後，最高人民法院做出再審終審判決，推翻1995年3月15日和4月25日，由河北省石家莊市中級人民法院和河北省高級人民法院做出的，對聶樹斌故意殺人罪、強姦婦女罪的一審和終審死刑判決，判處聶樹斌無罪。

## 尾聲

河北下聶村依舊很窮，二十一年過去了，當年村裡的人覺得接替老人去廠子裡上班是最好的出路，現在壯勞力都去石家莊市裡打工，留在村裡的是老人孩子。

因為聶樹斌，下聶村的鄉親十幾年裡常見記者。每到聶家的案

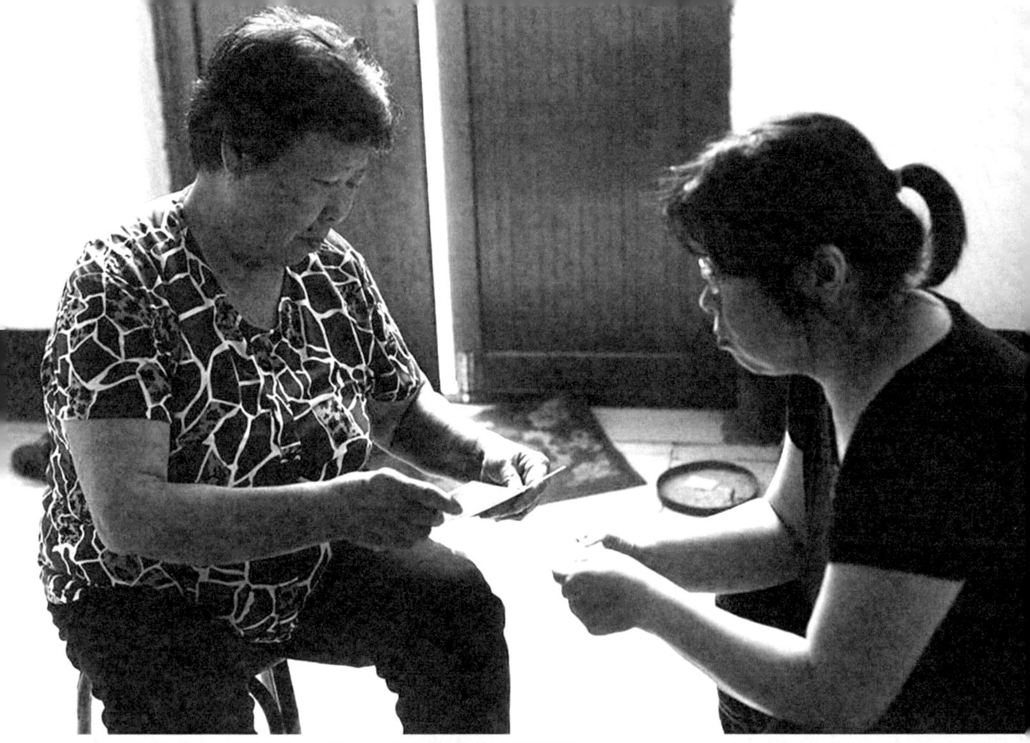

張煥枝與女兒聶樹慧在家裡。（攝：Wu Hao／端傳媒）

子程序上有進展，一撥撥的記者們就來，因此也吸引了各路其它冤案的上訪者，常年跟隨守候。這些年來，記者們換了幾茬，以前是拿著本子和錄音筆來的，現在多是舉著手機來拍直播。

等待最高法院終審判決的幾天裡，記者們擠滿了聶家小院。

年輕人舉著手機問聶樹斌的父親：「二十一年了，你怎麼想的？」

**我盼了二十一年，這是遲到的結果，遲到的正義，遲到的公平！感謝習近平總書記！我們不用揹著殺人犯的罪名了！**

聶學生慢慢地說：「聶母不容易。這麼多年，不計代價要去討個公道。多不容易啊，到河北高院，門難進，臉難看，案難辦。」說著又要哭出來的模樣。這些年，他早已習慣了跟著媒體的常用詞，對外稱呼自己的妻子為「聶母」。

12月2日上午10點34分，一直緊張低頭刷手機的人群突然喊出聲音：「新華社發消息了，聶樹斌再審無罪！」

被記者圍住的聶學生一愣，哇地哭出來：「我盼了二十一年，這是遲到的結果，遲到的正義，遲到的公平！感謝習近平總書記！我們不用揹著殺人犯的罪名了！」

我要到墳上去，給我兒子帶話，他平反了，不要再揹黑鍋了。我只想過普通人的平淡生活。

聶樹斌的姐姐聶淑慧拉著慟哭的老父親的手，也大哭起來。平靜了一下情緒，聶學生在女兒攙扶下，走到院子裡凳子上坐定，說：「我要到墳上去，給我兒子帶話，他平反了，不要再揹黑鍋了。我只想過普通人的平淡生活。」說一陣，又哭一陣。

此時，張煥枝和李樹亭律師在設於瀋陽的最高法第二巡迴法庭，親耳聽到審判長胡雲騰宣讀出無罪判決書。媽媽失聲哭出來：「我的兒子回不來了，我的兒子回不來了。」

宣判結束時，胡云騰告訴張煥枝，收到再審判決書兩年之內，可以對河北省高院申請國家賠償，並申請國家賠償法律援助。

十幾年來，張煥枝在記者們的眼裡，逐漸不一樣了。

**有一次張煥枝去石家莊高院申訴的時候，村裡竟然有三十六個人，浩浩蕩蕩地陪著她，保護著她，聲援她。這對她應該是很好的感覺。**

馬雲龍記得第一次見到張煥枝，全家人都是「愁眉不展，低眉鎖眼，在村子裡抬不起頭的樣子」。現在，她眼神裡有了半絲揚眉吐氣的光彩，腰板也似乎直了起來。「當記者成群趕來，電視上一次次播他們家的時候，他們家的感覺已經變了。本來全家人在村裡已經沒有人搭理了，但是有一次張煥枝去石家莊高院申訴的時候，村裡竟然有三十六個人，浩浩蕩蕩地陪著她，保護著她，聲援她。這對她應該是很好的感覺，」馬雲龍說。

這個全國最知名的冤案，讓張煥枝成了全國最著名的冤案上訴人，也因為公眾的廣泛關注，她在公檢法系統的境遇越來越好。

這麼多年來，她絕望，但從不批評制度，她始終不願意相信是政府冤屈了她兒子。她總還是相信是某些壞人搞錯了，她也總還是相信，政府會給樹斌平反。

同樣對政府抱著極大希望的，是前公安局長鄭成月。最高院再審的消息傳來，鄭局很高興，憋屈十幾年了，終於揚眉吐氣。隨著多家媒體披露了鄭成月在聶樹斌王書金案中的「秘密重要作用」，以前很多不敢分享的信息，他也都敢說了。連之前多年謹慎迴避的外媒，鄭成月也不怎麼避諱，開始接受採訪。

「我鄭成月還是一級警司，只要祖國呼喚我，我隨時返回警察隊伍去報效人民！」鄭成月對記者這樣說。

馬雲龍則沒有這麼興奮。

**我想問，二十一年前，河北法院系統，到底是誰決定錯殺聶樹斌？聶家申訴的十二年來，我們始終與一股強大的阻力在鬥爭，一直有一股暗中的勢力在阻止重審，這些人又是誰？必須追問這些問題。這些人，應不應該負責？！**

鄭成月、馬雲龍和張煥枝曾有個約定，等「樹斌的案子平反那天」，三人要去村子裡那棵標誌性的大槐樹底下合張影。12月2日，宣布聶樹斌無罪這天，剛好是馬雲龍七十二歲的生日。

在平靜等待聶案最終結果的日子裡，馬雲龍和老母親回到了海南的家裡。聶案再審宣判的消息傳出來的前二十天，他的微信賬戶突然被關掉了。馬雲龍說，聽到聶樹斌無罪的消息，他只想說四個字：「高興、遺憾」。「為聶家高興，這是他們應該得到的，是遲到的正義。可是，也極度遺憾。要追問這樣一個證據如此確鑿，錯誤如此明顯的冤案，要用二十一年時間才平反，如此艱難！這就是中國法治。」

「我想問，二十一年前，河北法院系統，到底是誰決定錯殺聶樹斌？聶家申訴的十二年來，我們始終與一股強大的阻力在鬥爭，一直有一股暗中的勢力在阻止重審，這些人又是誰？必須追問這些問題。這些人，應不應該負責？！」

**我們永遠接觸不到事件核心，永遠不知道權力運行和博弈的秘密，生生死死的命運，誰為此負責？**

馬雲龍說，張煥枝給他安排了一個任務，要把這些年來關注聶案的記者，都請去下聶村聚聚。曾追蹤過聶案的前《南方週末》的記者馮翔，聽到判決結果後，在朋友圈寫道：「十年了，我們報導的記者換了一茬又一茬，絕大多數已經離開這個行業。這個赤裸裸探路司法不公與人性黑暗的案子，記錄了我們的青春與理想，以及對這個國家的希望。又目送它們一步步化為灰燼。」

下聶村村口的大槐樹。（攝：Wu Hao／端傳媒）

2014年，做了十幾年政法記者的趙凌決定離開新聞行業，自己創業。2016年聽到最高法院要重審的消息，趙凌對端傳媒說，「我還是很悲觀」。為什麼在每一個可以糾錯的環節上，都沒守住，到了今天，多少人的命運因此而改變。而最後的結果幾乎是「非常偶然的」。和事情的發生一樣，「一個現任領導人的決心？太多的偶然性就影響了事情的反轉。」

媒體、學者、律師，都是外圍。「我們永遠接觸不到事件核

趙凌。（攝：Wu Hao／端傳媒）

心，永遠不知道權力運行和博弈的秘密，生生死死的命運，誰為此負責？」趙凌說。

「河北高院堅決服從並執行最高法院的再審判決，謹向聶樹斌的父母及其親屬表達誠摯的歉意，」12月2日，最高院判決出來大約四十分鐘後，河北高院在官方微博發布道歉聲明。《新京報》記者把這則短短道歉聲明念給聶淑慧聽，問：「您接受他們的道歉嗎？」

面對直播的鏡頭，聶淑慧低下頭，扭過身，沉默。

# 「7.09」家屬：從受難者到行動者的一年跋涉

趙思樂

六名「709」被捕者的妻兒，左起：王全璋律師妻子李文足及兒子、謝陽律師妻子陳桂秋及女兒、謝燕益律師妻子原珊珊及兒子們、李和平律師妻子王峭嶺及女兒、勾洪國妻子樊麗麗及兒了、翟岩民妻子劉二敏。（攝．LeicaMen）

「社會主義好，社會主義好，社會主義國家律師被抓了。7.09家屬起來了，父母妻子律師都被邊控了，公檢法司大團結，掀起了破壞法治新高潮，新高潮！」

六歲的女孩李佳美和三歲的男孩王廣微一路都在高唱這首歌。

這是6月1日兒童節的上午，兩個孩子的媽媽王峭嶺和李文足，正帶著他們驅車前往天津市檢察院第二分院，去詢問自己丈夫、孩子父親的下落：被捕超過一年的人權律師李和平和王全璋，是否已經被公安機關移送檢察院審查起訴。

一年以來，或去看守所尋人，或到檢察院追問進展，她們已經跑過這條路數十次。兩個孩子年齡太小，只得一直帶在身邊。奔波途中，她們把這首歌唱社會主義的經典紅歌改編成「7.09律師版」，沒想到孩子們很快學會了，稍不留神就會單曲循環。

「媽媽！」正唱得不亦樂乎，王廣微突然對李文足喊：「爸爸去打怪獸怎麼這麼久還沒回來呀？是不是怪獸太多了呀？」

李文足回答說：「是呀，所以我們要去救爸爸，幫爸爸打怪獸。」

王廣微的爸爸王全璋「去了打怪獸」是在2015年7月10日。那天開始，以前也總出差、但一有空就會跟他視頻通話的爸爸，再沒有在視頻裡出現過。同一天，李佳美親眼看著爸爸李和平被一群突然闖進家門的警察帶走。

## 「7.09風暴」

2015年7月10日前後數天，中國各地被警察帶走的律師和維權人士多達三百多人，不少人在數小時的「約談」後獲釋，但從此失聯的人數也不斷增加。

直到7月12日和19日，中國官方媒體新華網發出長篇報導〈揭開「維權」事件的黑幕〉和〈北京鋒銳律所案追蹤〉，這一場抓捕的背景才漸漸浮現。

新華網在報導中稱：「公安部指揮多地公安機關摧毀一個以北京市鋒銳律師事務所為平台，少數律師、推手、『訪民』相互勾連、滋事擾序的涉嫌重大犯罪團夥，周世鋒、王宇、李和平、謝燕益、隋牧青、黃力群、謝遠東、謝陽、劉建軍九名律師和劉四新、吳淦、翟岩民等人被依法採取刑事強制措施。」新華網文章寫道，「其以『維權』『正義』『公益』為名、行嚴重擾亂社會秩序之實、企圖達到不可告人目的的種種黑幕也隨之揭開。」

新華網發文後，各大門戶網站紛紛轉載，中央電視台各個頻道也滾動播出相應新聞影片，一時間，「維權黑幕」鋪天蓋地。

王峭嶺看到報導十分錯愕：一方面，她的丈夫李和平並不是鋒銳所的律師，與該所也沒有日常合作；另一方面，自從李和平7月10

## 「7.09」風暴

**2015年7月9日至2016年7月7日，中國大陸至少319名律師、律所人員、維權人士和家屬被當局約談、傳喚、限制出境、軟禁、監視居住、逮捕或失蹤，目前，23人仍在獄中，被控以「顛覆國家政權」「煽動顛覆國家政權」等罪，其中18人會見家屬、聘請律師等基本權利未獲保障**

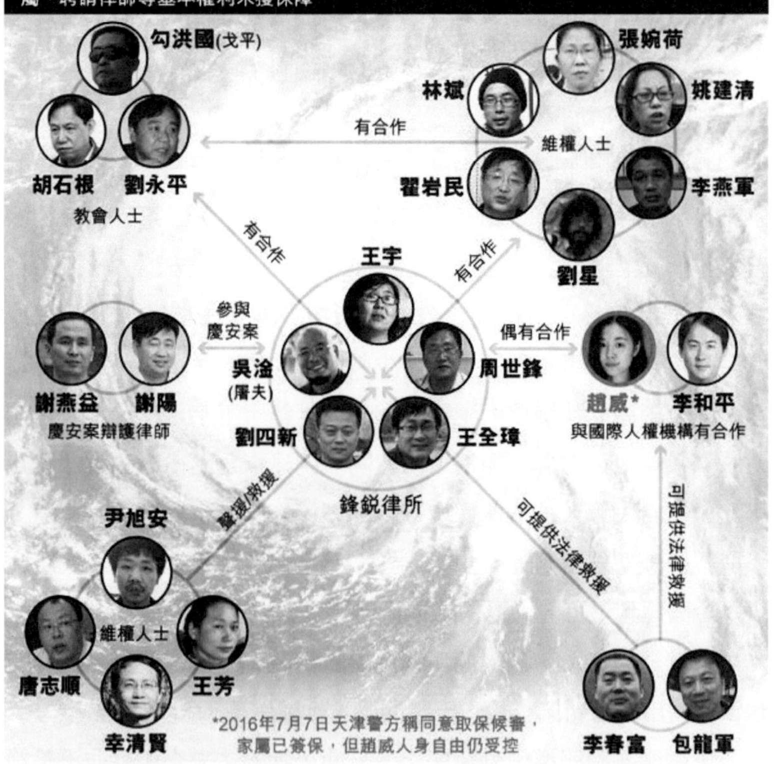


大陸「709維權律師大抓捕」發生至今一年，仍然身陷囹圄的人，與這場打壓風暴中心的鋒銳律師事務所，有何關聯？（圖：端傳媒設計部）

日被帶走，她沒有收到任何手續文書，她去各個可能有關的警察部門和看守所查問，卻只得閉門羹。

王峭嶺憤而狀告新華網。在起訴狀中，她這樣寫道：「作為李和平的配偶，原告主動向多地公安機關要求獲取李和平被羈押信息都不得而知，媒體記者在公安機關從未召開過新聞發布會的情況下，獲取了李和平『滋事擾序』和『被採取了刑事強制措施』的具體信息，指名道姓的進行報導，此舉置《刑事訴訟法》於何處？置新聞來源的合法性於何處？」

同樣就報導起訴新華網的還有原珊珊，她的丈夫謝燕益也不是鋒銳律所成員，她要求新華社為「毀壞名譽」賠償十三億人民幣——「就是中國十三億人民一人一塊錢，要將真相大白於天下的意思，」原珊珊說。

法院對王峭嶺和原珊珊的起訴都未予立案。

根據新華網和央視的報導，這一輪拘捕約從2015年5月底維權人士吳淦（網名「超級低俗屠夫」）被拘留就正式開始，之後是6月拘捕參與「慶安事件」抗議的維權人士翟岩民及其訪民團體，到7月9日及其後數天，拘捕十多名律師，並對維權律師群體大規模傳喚。

不少國際人權機構關注事件，稱之為「7.09大抓捕」或「7.09案」。

## 一夜之間，她們成了「7.09家屬」

「以前全璋問我，如果他被抓了我怎麼辦，我說那我就天天哭，」今（2016）年剛三十出頭的李文足回想「7.09」發生後的那段日子說：「後來我果然就天天哭，哭了六個月。」

以淚洗面，是抓捕發生後，每一個被捕者的家人都經歷過的階段。一夜之間，她們成了「7.09家屬」，獨自面對著突然降臨的黑暗。

原珊珊清楚地記得7月12日的各種細節。謝燕益一大早就被「國保」（國家安全保衛警察）叫去居委會談話，憂心忡忡的她久久站在家中窗前張望，想起前一天晚上謝燕益被約談回來問她：「如果你是譚嗣同的妻子，你怎麼辦？」

當看到二十多個人大步朝她家的方向走來，一邊走一邊紛紛拿出白手套戴上，原珊珊知道這次謝燕益真的出事了。她來到孩子們的房間，告訴十一歲和八歲的兩個男孩：「無論外面發生什麼事都不要出來。」

果然，門鈴響了，穿著便衣的陌生男人們一擁而入，其中一人亮出了天津市公安局的警官證。然後是地毯式的搜查，各種書、案卷和電子器材足足拉走了三車。

當數小時的搜查結束，原珊珊打開孩子們的房門，看到兩個孩子蜷縮在床上，房間裡充滿難聞的氣味，孩子們因為不敢出去上廁所，只好尿在了地上。

一年之後，她想起那個場景，仍止不住流淚。但這遠不是噩夢的最低點。

謝燕益被帶走一個多月後，原珊珊的月事一直沒有來，她猜測自己懷孕了，但根本無心查驗。也在此時，原珊珊接到謝燕益大哥的電話，得知謝燕益的媽媽突然去世，「我聽到這個一下子就虛脫了，我不知道怎麼辦，怎麼什麼事都趕到一起啊？」原珊珊說，謝燕益的媽媽一向健康，得知兒子被抓後，還跟她一起去過天津尋找。

原珊珊一邊趕往謝燕益老家，一邊聯繫天津警方要求讓丈夫回家奔喪，警方回應會「聯繫匯報」，這給了她一點希望，覺得或許能讓他回來。

直到追悼會開完，「聯繫匯報」也沒有下文。

喪禮期間，原珊珊為免衝撞風俗，告知謝燕益的家人自己可能懷孕了，但每一個聽聞的人都勸她打掉胎兒，也隱約透露出對她這個「犯夫之婦」的側目而視。趁婆婆的遺體尚未火化，她決定趕到天津，爭取「接謝燕益回來見媽最後一面」。

原珊珊當時對達成此事抱有很大期望，因此，當天津河西分局預審大隊警察當面告訴她，警方的決定是「不可以」的時候，原珊珊崩潰了。她感覺到自己「從頭到腳地涼下來」。回到酒店，一夜未眠。

第二天，原珊珊早早地穿上孝服，孝服上寫著「謝燕益不孝罪死罪 回家見母最後一面」，步行至天津市公安局，在門口坐下。她期待能有「領導」路過看到，過問此事。

然而，她等來的是這樣的遭遇：三個警察把她拖進警車，帶到派出所，做了筆錄，然後將她帶進一個沒有監控的小房間，裡面有三十多個警察和輔警，他們把她團團圍住，罵她：「你這個不道德的女人」、「你這個不要臉的」、「你折騰什麼呀？我告訴你，這是現在，要是文革你這樣就直接拉出去槍斃了」……持續了將近一小時。

原珊珊回憶自己當時的心情說，雖然很害怕，但竟然反而感到一種放鬆：「不管怎樣，有人知道了我的要求，這事會傳達給上一級領導，我也覺得挺值的。」

沒有領導出現。警察找來謝燕益的朋友勸她離開。但原珊珊不走，謝燕益的朋友告知了派出所她懷著孕。原珊珊在派出所的排椅上睡了一夜。第二天，派出所開始不給她提供飲食，不讓她上廁所，原珊珊又在排椅上睡了一夜。第三天，「國保」告訴原珊珊，她婆婆的遺體已經火化，她沒必要再在這堅持，原珊珊從謝燕益大哥處核實了這個消息。第四天凌晨，原珊珊心灰意冷，自行離開了派出所。

此事之後很長時間，原珊珊處於嚴重的抑鬱狀態。「那個時候真是⋯⋯不想吃飯，也起不了床，」她說，那次經歷讓她變得難以相信人，「之前想著警察還是人，也有人性，但在過程中我發現他們就是一群機器人，裝了程式以後要（他們）幹什麼就幹什麼，我第一次見到沒有良知的人。」

類似原珊珊這樣的傷痛故事，每一個「7.09」家屬都經歷過。

王峭嶺因起訴新華網，被警方撬開家門「刑事傳喚」，他們告訴她，如果她不合作就隨時會再被帶走；由於入學所需文件的辦理被阻撓，李和平、王峭嶺的六歲女兒李佳美無法升讀小學；樊麗麗到天津尋找丈夫戈平（勾洪國網名）下落，警方稱這是「上面命令」的案件而拒不負責，還在哺乳期的她在驚恐中乳腺突然堵塞，年幼的孩子被迫斷奶；樊麗麗因家中財物全數被收走，曾嘗試開網店為生，卻在自家樓下突遭警察帶走數小時，之後又被限三天內搬走；由於房東屢遭警方壓力，翟岩民妻子劉二敏不得不帶著失去自理能力的翟父，在偌大的京城裡反覆搬家；王廣微一次在天津跟著媽媽奔波的途中撞

傷，縫了七針，媽媽李文足縮在醫院角落裡痛哭不止；謝陽的妻子陳桂秋說，讀初中的女兒在爸爸出事後幾乎再沒有笑過……

## 「以前是他承受了，我不知道」

在「7.09」家屬的六位家庭主婦中，四十四歲的王峭嶺常被認為是最「勇猛」的一個。她起訴新華網、書寫關於李和平的文章、不斷到相關部門尋人控訴，並持續曝光「7.09」抗爭中遭遇的種種不合理對待。王峭嶺說，自己可以這樣，源於許多因素的眷顧。

王峭嶺與李和平是大學同學，法律專業出身的她說，自己雖然法律學得不好，「但有一點我是記住了，就是你要按程序辦事。」

李和平是中國最早一批維權律師之一，王峭嶺從十多年前就與他一同經歷著警方的監控。近年來，李和平已經不直接代理敏感案

①
②
③

① 謝燕益太太原珊珊及其兒子。（攝：LeicaMen）
② 李和平太太王峭嶺及其女兒。（攝：LeicaMen）
③ 王全璋太太李文足及其兒子。（攝：LeicaMen）

件，因此當大批警察來抄家，王峭嶺沒有感到非常驚慌，她認為自己四十八小時內肯定會收到文書，就知道是怎麼回事了。

然而四十八小時過去，什麼都沒有。按照來查抄警察的證件信息，她與李和平的弟弟李春富律師一同赴天津查找，仍一無所獲。幾天之後，李春富也被抓了。

「如果官方把和平帶走，四十八小時內給我一個通知書，然後允許律師正常會見，哪怕說他是顛覆國家政權，我今天都不會這樣，」王峭嶺說：「因為程序，是普通人面對強大權力時的基本保障。」在「7.09」發生後的這一年中，最讓王峭嶺感到難以承受的，甚至不是丈夫被抓，而是自己四十多年來對這個政府和國家的信任的整體崩潰。

過去在家裡，當李和平指責現實中種種不公時，她常覺得他太「偏激」。她說自己過去算是官方教育製造的「標準件」，從未真正懷疑過政府。以前李和平因代理案件受到警察貼身監控時，她都認為是官方對政治敏感案件的正常管控；甚至李和平曾被帶走、遭受莫名毆打，她還理解為是丈夫惹到了具體警察導致的個案。

但這一次經歷了丈夫人間蒸發、自己被撬門傳喚，王峭嶺突然發現，一切不是自己過去理解的樣子。

李和平被帶走後，他的辦公室被警方擅自換鎖，王峭嶺趕往交涉無果，回家路上她終於忍不住淚如雨下，她說：「以前所有這些艱難，都是他承受了，我不知道。」

被抓前，李和平在跟歐盟背景的人權機構合作反酷刑項目，王峭嶺有時想起他帶回家的小冊子裡講到的那些酷刑，她會擔心再也見不到李和平，「那他就沒辦法知道我對他認識的改變，沒辦法知道我現在對他的理解和認可了。」

## 給律師辯護的律師團

王峭嶺以前不樂意交往的，李和平身邊那些「敏感危險」的朋友，在關鍵時刻走到她身邊。

草根維權出身的野靖環，用自身的經驗向王峭嶺詳細地講解，她必須就警方查抄和傳喚中的各種不合理行為申請信息公開和提起行政訴訟，並公開發聲傳播，雖然這些並不一定帶來實際結果，但這會讓警方明白，她不是隨便能欺負的人，從而保護自己和孩子免受進一步的騷擾。

王峭嶺隨即提起了五項行政訴訟，雖然法院均以這是警方偵查行為為由不予立案，但警方再也沒有傳喚過她。王峭嶺此後一直感慨，雖然考過司法考試，但在用法律維權方面，自己的知識和能力遠不及有實際抗爭經驗的草根公民。

李和平的老朋友、同為維權律師的仇志才（化名）則盡力組織了律師對律師的辯護援助。在他的協調介紹下，「7.09」恐懼尚未散去，蔡瑛和馬連順兩位律師成為最早到達天津，公開要求為被捕律師辯護的律師。「當時給社會一種感覺：『哎呀，抓了這麼多律師還有人敢去啊？』」蔡瑛說起當時頗為自豪，「別的律師都說『老蔡，你這時候去是打破了冷漠啊！』說不恐懼是假的，但是那以後就越來越多律師願意去了。」

兩位律師只是第一步，若要真的組建「7.09案」辯護律師團，難度非常大。仇志才對王峭嶺明這樣形容「7.09案」對辯護律師的要求：「第一是能堅持，不會被威脅退；第二是能寫，能敞開接受採訪，我們現在就需要吆喝；第三，能商量事兒，合作性好。」

他與王峭嶺商定李和平的代理律師人選之後，叮囑她一定要通過安全的方式與律師溝通。但王峭嶺仍給律師打了電話，被監控的信息導致兩名律師在準備前往北京時就遇上了阻攔，其中一名放棄代理，蔡瑛律師則最終輾轉到達。

王宇的辯護律師文東海也記得，仇志才找到他時，至少已有兩名律師由於壓力放棄代理王宇的案子。他自己一開始也因種種顧慮沒有答應，猶豫了一週多，直到仇志才第三次追問，他才鬆口說

「我試試吧」。「在2014年開始關注和參與人權律師的工作時，看到他們在衝鋒陷陣，我就想到這些人有一天會進去，那時候我就暗暗下定決心，等到他們都進去了，我就一定要站出來，」文東海解釋自己最終願意「試試」的原因。

仇志才多年來曾與許多位維權律師交好，但最終願意在此事挺身出手的律師並不多。仇志才說，幾個原先一直熱絡討論維權事務的群組，在7.09之後，都自動轉換頻道談論起風月和生活了，「有人說律師要『保留力量』，還有人說周世鋒就是太高調惹禍」。他只好想辦法凝聚起更小規模的關注，他說，阻擊恐懼才是人權律師存在的意義。

雖然艱難組建，但「7.09」家屬提到辯護律師團都是滿滿的感激，樊麗麗說：「家屬是沒有辦法，自己的家人被抓，理所當然要站出來，但律師們是很難得的，當時全國一片恐懼，他們本來可以明哲保身。」

## 「離開梳粧打流氓」的家屬團

2016年6月6日，「7.09案」警方第二次偵查延長期屆滿前兩天，王峭嶺和李文足、翟岩民妻子劉二敏一同，在管轄「7.09案」的天津市檢察院二分院的舉報中心門前，舉起寫有「和平支持你」、「全璋相信你」、「老翟等你」的紅色水桶拍照，被天津掛甲寺派出所帶走。

「紅桶」的創意來自李文足，她醞釀要在天津「舉牌」已經一段時間了，又考慮到風險想換個形式，加上覺得紅色是顯眼又象徵積極樂觀的顏色，李文足和王峭嶺開始留意各種紅色的物品，直到有一天她們在街市上看到了紅桶——便宜、面積大、方便寫字，於是家屬們津津樂道的「7.09家屬同款」、「今夏最潮水桶包」就這樣誕生了。

「在裡面的時候，有一個警察拿了物品扣押單過來讓我簽字，說因為這個桶是『作案工具』要扣留，我當時就笑噴了，笑了十多分鐘，」李文足想起此事仍禁不住大笑。

「我這次一進派出所，就希望能待滿二十四小時，上次待了五個多小時，他們說還不夠時間發新聞呢，所以這次的二十四小時是我祈禱出來的！」王峭嶺興奮地說。她口中的「上次」是5月20日，她驅車一千多公里到內蒙古烏蘭浩特看望王宇被軟禁的兒子包卓軒，被當地警方攔截並羈押。

王峭嶺坦言，現階段她就是希望家屬們的行動能不斷喚起人們對「7.09案」的關注。這次掛甲寺派出所的二十四小時，確實引發了「7.09案」的辯護律師紛紛馳援天津，在派出所守候並直播進展，讓此事在國內社交媒體上有了一定程度的傳播。但平日由於官方的信息封鎖和旁觀者的自我審查，與「7.09案」有關的信息在中國的能見度非常低。

這次被警方帶走，是李文足的「派出所初體驗」，她和王峭嶺出來後將過程中的搞笑事總結成《本屆家屬「七個不行」》，還做成小視頻在社交媒體傳播。其中一個是「本屆家屬表情不行」，「在派出所裡有個警察說：『你這表情太高興了，你這哪像想念你老公？』我說：『那應該怎麼樣？是不是應該整天以淚洗面、愁眉苦臉的？這我不太會，要不你給我表演一下？』」李文足在視頻裡說得歡樂。

她沒有告訴警察的是，在王全璋被抓後的整整六個月，她確實是每天以淚洗面。

小城女孩李文足，二十四歲那年為了逃避逼婚，跟朋友跑到北京找工作，偶遇了三十三歲但不怎麼會談戀愛的王全璋。一年多後的2011年春天，李文足與出差頻繁的王全璋還沒足夠時間相處了解，就被他父母「趕鴨子上架」地結了婚。到這時她都不太了解他的工作，只是覺得「律師」是個受人尊敬的好職業，而他是個值得信賴的好人。

2013年4月，兒子王廣微出生不到半年，王全璋代理的法輪功案件在浙江省靖江市開庭，庭審結束後王全璋卻被法官下令帶走，以「違反法庭秩序」拘留十日。當時的李文足因丈夫突然失去音信心急如焚，用王全璋留下的手機登錄他的微博才發現出了這麼大的事，於是她開通自己的微博繼續關注此事。三日後，王全璋在律師、公民的關注壓力下被提前釋放。

「我就是靖江的時候才註冊微博，加這些律師，加他的公民朋友，我才知道原來這個社會是這麼黑暗的。我之前的生活真的很簡單，根本想不明白為什麼做律師會被抓。」李文足說，她在靖江事件後通過微博短暫地關注過一些時政信息：「看了一段時間我就不看了，我受不了，太黑暗了，全璋還可以去做一些事情，我無能為力，所以我就選擇逃避。」

後來王全璋因「7.09案」被抓，「我除了哭就沒有別的。」

2015年8月初，李文足帶著王廣微第一次到天津尋人，在預審大隊巧遇了王峭嶺。她走過去自我介紹，剛開口說了兩句話就哭了出來，「我見到她，我覺得我們的遭遇是一樣的，忍不住就哭了，」李文足說。

王峭嶺記得當時的李文足：「狀態很差，滿臉愁苦，眼神呆滯，連王廣微都是這樣。」於是王峭嶺伸出手要抱媽媽懷中的王廣微，讓李文足驚訝的是，一向怕生的王廣微張開手讓王峭嶺抱了過去，還親了親她。王廣微後來一直叫王峭嶺「王媽媽」。

這次見面之後，在野靖環和仇志才的鼓勵下，王峭嶺開始邀李文足一起發聲和行動。當時住在王全璋山東老家的李文足，在王峭嶺建議了三、四次之後來到北京，倆人連續十多天前往全國律師協會要求關注和介入。

儘管對律協的訴求石沉大海，但這成了「7.09」家屬聯合行動的開始。

李文足形容自己這下是「離開梳粧打流氓」：「一個人就孤孤單單的，覺得自己什麼都不懂，有人一起，你的精神狀態、心裡想法都不一樣，鬥志就起來了。」王峭嶺也說，李文足對於她也一直是重要的安慰和支撐：「雖然文足總是說自己這個不行那個不行，但一開始就是我們兩個人，如果沒有她，我們『7.09』家屬根本就不成群。」

這一次律協行動之後，王峭嶺和李文足想到應該把更多的「7.09」家屬聚在一起，她們首先找到的是曾起訴新華網的原珊珊，和公開發表過文章的樊麗麗。

王峭嶺和李文足一起去參加了樊麗麗為關押中的戈平辦的生日會，李文足的印象中麗麗與她們一拍即合：「其實她也想去做，就是沒有一個方向，不知道怎麼去做，就跟我一開始一樣。」

相對而言，原珊珊一開始顯得疏遠冷淡。王峭嶺記得第一次敲開她家門的時刻：「我們問『這是原珊珊家嗎？』她說，不是。我們又問『是謝燕益家嗎？』她才說是，開了門，讓我們進去了。她開了門我們才發現她大著肚子。」她們幾次約她一起去天津，她都沒有答應。原珊珊後來說，當時謝燕益的家人覺得要對官方態度好、不要鬧，儘管有律師建議她抗爭，但她在情感上更依賴家人，也相信他們。

王峭嶺則很理解：「如果一開始就只是為了達成什麼目標，就一定會覺得挫敗，但如果就是想去關心她、跟她接觸，擔心她一個人孤單，被欺負，問一問要不要一起，出發點是把愛和信心傳出去，那我就可以放下那種挫敗的不滿。」

春節期間，王峭嶺自己駕車，從北到南又自南向北，跑了數千公里，將她能找到的「7.09」家屬都看望了一遍。身為基督徒的她說，宗教生活中的信念和經驗也在幫助她處理家屬工作中的挫折，「我在鍛煉凡事感恩，如果家屬折騰來折騰去就兩三個人，我就說『感謝主，有兩三個人就不錯了。』」

樊麗麗覺得，自己在這一年來最大的震撼就來自於王峭嶺。她說起這樣一個時刻：有一天她中午12點多看到王峭嶺兩個小時前發的信息，說在天津看守所送物品，問有沒有家屬想一起過來。樊麗麗回覆說自己現在過去，問王峭嶺是否等她，王峭嶺說等。近兩小時後，當樊麗麗趕到看守所，她看見王峭嶺獨自在車裡睡著了。「我覺得她很累，孤孤單單的，」樊麗麗說，「我就想到我們有什麼難過可以跟她說，她是我們的精神支柱，但是她難過的時候要去找誰呢？」

## 「如果只盯著自己的丈夫是不是能釋放，這是我們的失敗」

在家屬團和辯護律師團都初步成型的情況下，2015年12月上旬，他們發起了一系列聯合行動。

12月4日，中國憲法日，近四十名家屬和律師在河南舉辦了「7.09大抓捕」研討會，會上決議要聯合控告公安部；12月9日，六十四名「7.09」家屬和辯護律師發布致全國人大常委會和國家主席習近平的公開信，並聯署要求公安部停止對民間的打壓；12月9日、10日，多名「7.09」家屬和辯護律師相約前往天津，集體要求保障會見權；12月10日，世界人權日，中國人權律師團發出聲明，針對「7.09案」呼籲有關部門履行監督職責，保障被羈押者的權利。

他們的行動，本是希望在1月8日的「指定地點監視居住」期滿之前，給官方製造壓力，希望能為「7.09案」帶來轉機。然而，1月8日之後幾天，各個被捕者的逮捕通知書還是如期而至。

之前「哭了六個月」的李文足在收到王全璋涉嫌「顛覆國家政權」的逮捕通知書時，並沒有像自己過去想像的那樣傷心崩潰，「我心裡面反而有了一個轉變，我們可能沒辦法改變結果，但是只要是我現在能做的，我就一件不落地去做，堅持下去，」她說，「如果可以選擇的話，我就想過最簡單的小日子，但這個環境，讓每個人都沒有選擇。」

謝燕益的逮捕通知書也送達了。在2016年的2月中旬，原珊珊還有兩週就到預產期，她獨自去天津要求取回被查抄的戶口本，遇到了組團前來的其他家屬和律師。接待的警察告訴原珊珊戶口本沒申請下來，家屬們就幫腔讓警察再打電話申請，警察讓原珊珊等著，家屬們就催警察去追問請示。

①
②
③

① 謝陽太太陳桂秋及其女兒。（攝：LeicaMen）
② 勾洪國太太樊麗麗及其兒子。（攝：LeicaMen）
③ 翟岩民妻子劉二敏。（攝：LeicaMen）

原珊珊回憶說：「當時覺得我們真的是感同身受的，起碼覺得不孤單。我有時候還要自己堅強，別哭別哭別哭，結果沒等我哭呢，文足就哭了，峭嶺也說『你們不給我任何東西都行，一定要給原珊珊』。」家屬們催著接待警察請示了三、四次後，原珊珊終於拿到了她之前已經要求了許多次的戶口本。她從此也與其他家屬們，走得近了一些。

1月8日之後的幾個月，仇志才和王峭嶺開始認為，「7.09」的救援需要「戰略轉變」。「逮捕通知書下來的時候，辯護律師們一片悲觀，老仇就說，如果這個時候國際社會的介入力度不夠大，那這個案子就是鐵案，」王峭嶺說，所謂「鐵案」就是被抓的大多數人都被判重刑。由此，他們的戰略重點從對國內有關部門施壓，轉向國際遊說。

「7.09」家屬隨即主動邀約聯合國、歐盟、美國及歐洲主要國家的人權和外交官員會面，介紹「7.09案」的情況和影響，也積極接受國外媒體採訪，希望國際社會動用外交和輿論壓力，讓中國官方有所忌憚。

在2016年3月的聯合國人權理事會全體會議上，聯合國高級人權專員在年度講話中表達了對中國2015年7月以來對律師大規模打壓的擔憂，並呼籲中國釋放所有律師及維權人士；美國駐聯合國代表隨後在會議上代表英國、德國、日本、瑞典等12個國家宣讀聯合聲明，譴責中國逮捕律師和人權活動者的行為，並強調被捕人士遭受的待遇違背法律和國際準則；2016年5月，美國國會舉行了關於中國的政治管控的聽證會，王峭嶺、李文足和原珊珊代表「7.09」家屬以視頻形式在聽證會上發言，指控當局對「7.09」家屬的管制和威脅。

連串罕有的國際關切之下，習近平4月赴美出席核安全會議的同期，鋒銳律師事務所實習律師李姝雲，和李和平反酷刑項目的助理高月，在已被逮捕的情況下以「取保候審」獲釋。

多名辯護律師都認為，在「7.09」這樣的高級別政治案件中，家屬的積極發聲和行動，對維持案件的輿論壓力和國際關注至關重要。相較之下，作為辯護律師反而是舉步維艱：辦案單位以此案屬「危害國家安全」類案件為由，不准許律師會見，「7.09」至今，20多名被捕者無一人曾會見過家屬指定的辯護律師。而在逮捕通知書送達之後，警方稱被捕者在關押中自行聘請了其他辯護律師，家屬聘請的律師們紛紛遭遇「解聘」，這意味著，即使該案進入起訴階段，檢察院也可以向拒絕「被解聘」律師介紹案情、出示案卷和其他證據；即使該案開庭，「被解聘」律師也不可能出庭辯護。甚至，此案開庭的消息外界都未必能夠知曉，法院可以聲稱已通知「當事人聘請」的律師，而不另行通知家屬。

儘管知道丈夫獲釋的希望渺茫，儘管有時面對不理解狀況的外國官員「天真」的提問，她也會感到無奈，但王峭嶺盡量積極地參與「7.09案」的國際遊說，在這個過程中她對現實有了新的看法，「如果我們家屬今天只盯著自己的丈夫是不是能釋放，一聽要被判刑就崩潰了，這是我們的失敗，」王峭嶺說，「7.09」家屬應該要認識到：「判不判刑很重要，但更嚴重的是中國正在全面走向專制。」

「7.09」事件發生後，其突出特徵「大規模同時抓捕」、「官媒揭批報導」、「當事人電視認罪」、「解聘律師或聲明不聘請律師」幾乎成為政治案件標準配置，在溫州教堂案、勞工NGO案、銅鑼灣書店案等均有運用。資深政治分析者、維權律師滕彪認為，「7.09案」是政治打壓的「國安模式」正式形成的標誌：2015年7月1日《中華人民共和國國家安全法》通過並立即實施，八天後「7.09」發生。

「這才是可怕的地方，這就意味著，即使我老公出來了，還有下一個口袋在等著他，因為整個中國淪陷了，」王峭嶺說，相比案中人的營救，更重要的，是讓國際社會認識到問題的嚴重性。

## 「『7.09』成就了我」

2016年5月中旬那兩週，李文足不時地傷心流淚，但這次不是因為王全璋，而是因為「7.09」家屬們組織了與毒疫苗受害媽媽們共度母親節的活動，活動之後，李文足難過得幾個晚上沒睡著覺。

「那天有兩個孩子剛好跟泉泉（王廣微小名）差不多大，而且有一個跟泉泉長得很像，很可愛和很聰明的兩個孩子，」她說，「你就這麼看，看不出來什麼，但他們就因為毒疫苗殘疾了，而泉泉在旁邊活蹦亂跳的。」她一直覺得後悔，是不是不應該帶著王廣微去，不知道疫苗媽媽們看著會不會難受。

這個母親節活動由樊麗麗負責訂場地買禮物，李文足負責包紮花束，王峭嶺負責聯絡張羅，為六對毒疫苗受害孩子和媽媽舉辦了聚餐活動。活動之後幾位「7.09」家屬都感慨，疫苗家長的處境比自己還要艱難許多。

這是「7.09」家屬團為其他公共事件的受害群體辦的第一個正式活動。在此之前，王峭嶺自發探訪過唐荊陵的太太汪艷芳，為被法院拘留的野靖環做過聲援，「7.09」家屬的「相互關愛群」也逐漸納入了其他政治案件受害者的家屬。

「可能對律師們來說，他們覺得你關心一個熱點，能把『7.09』帶上熱點，這是他們從營救的角度來講，」王峭嶺說到，一開始有律師問她想不想跟疫苗家長接觸，正是「毒疫苗」爭議最熱的時候：「但是對我來講，很本能的東西就是人不能只停留在自己裡面，如果一個人能在自己痛苦的時候看見別人，他就會發現自己的災難不算什麼。」

「如果人只考慮自己，那麼這個體制很輕鬆就讓你絕望了，」王峭嶺說，「現在它不就希望每一個人只顧自己嗎？」

「以前看到這些事情，很難受是很難受，但還是睜一隻眼閉一隻眼，以後我恐怕很難這樣。」李文足如今有了切身的體會和抗爭的經歷，「我現在覺得我可以做一個有用的人了，我就開始想可以為她們做什麼。」她說起自己原來的生活，丈夫總是在外奔忙，一會兒失聯了一會兒被打了，而自己就在家帶孩子，擔驚受怕又無能為力，她本來覺得自己快要得抑鬱症了，「『7.09』改變了我。」李文足說。樊麗麗也說了類似的話：「感謝戈平，如果不是他我就不會遇到『7.09』，『7.09』成就了我。」

原珊珊在美國國會視頻作證之後，對公開發聲越來越認可，「我覺得起碼要不後悔。」她認為，這一段的經歷無論對於她、孩子還是謝燕益，都是寶貴的歷練。原珊珊說，如果謝燕益判刑，她打算成為一名遊說家：「要讓更多人知道現在的社會是怎樣的。」

「如果別人遇到這樣的事，我們這群家屬肯定第一時間就去了，」原珊珊說，「我會特別想去安撫她、幫助她，給她說說我的故事。」

截至2017年12月1日，在文中所提及的維權律師和維權人士中，李和平於2017年4月28日被判「顛覆國家政權罪」罪成，被判監3年、緩刑4年，5月獲釋；謝陽被控「煽動顛覆國家政權罪」和「擾亂法庭秩序罪」的案件於2017年5月開審，法院一直未有公開他的刑期，但據媒體報導，謝陽已於7月獲釋；謝燕益被控「煽動顛覆國家政權罪」，但據媒體報導，他已於2017年1月獲准保釋；維權人士勾洪國（戈平）、翟岩民於2016年8月初先後被判「顛覆國家政權罪」罪成，判監3年，緩刑3至4年；2016年8月，維權律師王宇在媒體「認罪」，其後獲准保釋；維權律師王全璋被控「顛覆國家政權罪」，從2015年7月起失聯，2016年1月起被天津市公安局正式逮捕，現被羈押於天津市第二看守所，等待開庭審理。

# 律師夏霖和他的時代

江雪

夏霖畫像／端傳媒

6月17日下午三點半，北京第二中級人民法院第四法庭，一場長達五小時的審判剛剛結束。林茹見到了別離已近六百天的丈夫夏霖。

雖說是公開審判，但旁聽席只有六人，林茹因被列為證人，沒能進入法庭旁聽。庭後的五分鐘會面，她事先想著，無論如何都不能哭，「浪費時間」，可見到丈夫的一瞬，她還是哭了。

夏霖也哽咽了。林茹注意到，丈夫身上穿的那件紅白條紋襯衣，還是2014年11月8日，他被警察當著老母親和孩子的面，從家裡帶走時穿的。夏霖告訴她，一直捨不得穿，今天開庭，是同監室的五個人，一早用水杯幫他把衣服熨平的。

見面的時間實在太短，說了幾句話，倒計時的鈴聲就響了。那一瞬，他突然把妻子往懷裡一拉，法警未及制止，他們擁抱了。

此時，法院的門外，飄著小雨。來「圍觀」的人們，撐著傘，不肯散去。當警車從法院駛出，他們一起大聲喊著「夏霖！」人們希望著，這聲音能傳遞給囚車中的那位律師，給他一絲安慰和勇氣。這些人裡，有夏霖的同學、一位專程從山東趕來的律師。還有一位老人，背著一個粉紅色的水壺，已在法院門外站了一天。他是崔英傑的父親。十年前，夏霖為刺死「城管」人員的小販崔英傑辯護，並最終保住了他的生命。

『我不做政治辯護，將來誰為我做政治辯護？』丁錫奎律師這樣問。

一年半前，夏霖為被捕的郭玉閃擔任辯護律師，郭玉閃是著名民間智庫「傳知行」創始人，不久後，夏霖本人亦被帶走。他的妻子林茹收到的刑事拘留通知書上，稱夏霖涉嫌「賭博」和「詐騙」，被羈押於北京市第三看守所。被帶走後一個月，夏以「涉嫌詐騙罪」被正式拘捕，並轉至北京市第一看守所羈押。

「我無罪。」夏霖在最後的法庭陳述中，為自己辯護。

檢方指控夏霖涉案金額達一千餘萬元人民幣，知情人士稱與夏霖和朋友之間的經濟來往有關。他的妻子林茹對媒體表示，夏被捕前並沒有接到任何人和司法機關索取和裁決債務的通知和文件，夏亦曾向她傳話稱如果是向朋友借款，自己絕對有能力償還。

夏霖的兩位代理律師——丁錫奎和王振宇，堅持為他做無罪辯護。丁律師認為，這起以「賭博」立案、最終以詐騙起訴的案件，是一起「為追訴而追訴」的政治案件。知情者介紹，庭前，有關部門曾向律師施壓，提出三條，不能中途退庭，不能媒體「炒作」，不做政治辯護。最後一條，被一貫低調的丁錫奎律師回絕了。

「我不做政治辯護，將來誰為我做政治辯護？」丁律師這樣問。

## 「八九」底色：「此生不做鷹犬爪牙」

1992年，二十二歲的夏霖從西南政法學院（現為西南政法大學）畢業，分配到貴州省遵義市公安局工作。這年七月，夏霖沒有去公安局報到，而是到貴陽投奔哥哥夏洪，備考當年的全國律師資格考試。

「他總覺得，做警察是幹髒活，」夏洪說。夏洪從北京大學的古生物專業畢業，陰差陽錯，卻成了貴州的一名警校老師。夏霖案開庭當天，他作為唯一的家屬代表，旁聽了整個庭審。

夏洪說，夏家祖輩在四川自貢，父親當年大學畢業到貴州支邊，在遵義當了一輩子中學教師。弟弟夏霖，從小喜歡古詩詞，有俠客夢，大約總想著匡扶一些什麼。「他對朋友兩肋插刀，我並不奇怪」。

1988年，夏霖考入西南政法學院。當年的西南政法，聲望正隆。作為全國五所司法部直屬的法學院之一，西南政法出了賀衛方等眾多中國法學名家。在那裡，夏霖受到良好的法學訓練，包括刑偵專業實踐等。然而，對他影響最大的，卻是1989。

**那個夏天，夏霖和他的同學，在重慶歌樂山下，一起宣誓：『此生不做鷹犬爪牙』。**

那一年，他剛上大學一年級。他曾多次給朋友們描述當年的經歷，那個黑色的初夏，在他的講述中，卻多了一些浪漫：

五月的某天，他和同學們在重慶市政府門口靜坐，軍警要清場了，他們圍坐成團。燈關了，一片漆黑，又下起小雨。或許是害怕，或許是寒冷，十九歲的夏霖開始發抖。這時，一位不認識的師姐，從背後輕輕地擁抱了他。

這溫柔的一瞬帶來了光明。就在那一刻，增援的同學趕到了，燈亮了，廣場上一片歡呼，清場中止，他們勝利了！

作為朋友，郭玉閃曾無數次聽夏霖講起這段故事。那一刻於他刻骨銘心，愛與黑暗對峙，最終光明降臨。但這青春的勝利隨即飛逝，如八十年代的理想主義一樣短暫。槍響了，一切都變了。

那個夏天，夏霖和他的同學，在重慶歌樂山下，一起宣誓：「此生不做鷹犬爪牙」。他曾給朋友、資深調查記者王和岩講述，那一刻，自己撕碎了共青團員證書，「從此，就再也不是黨的人了。」經濟學者溫克堅也記得，有一年在西湖邊上尋常聚會，說到「八九」，夏霖突然嗚咽，淚如雨下。

在郭玉閃看來，「八九一代」是夏霖的底色。當年許多人被生活和時代推著向前，但其中有些人，心中始終有一團火。「夏霖有很多缺點，卻從沒有忘記初心。」

1992年，當年就通過了律師資格考試的夏霖，到貴州省經濟律師事務所工作，這是當時貴州唯一的官辦律所，辦公室就在省高級人民法院裡頭。他待了兩年。此時，貴州開始試點私人辦所，他便和所裡的另外三個人一起出來，創辦了貴州輔正律師事務所，這是貴州最早的合夥律師事務所之一。那一年，他二十四歲。

整個1990年代，經濟發展，律師「吃香」，夏霖的律所不缺業務，商業案件居多，他也逐漸過上了體面的生活。當時的茅台酒廠改制，他是法律顧問，也常有好酒可喝。

1995年，他和林茹結婚。妻子嬌小美麗，是賢淑的客家傳統女子，岳父是貴州省的老公安。「大男子主義」的夏霖，不幹家務，只賺錢養家。安逸的生活一天天繼續。貴州賭風興盛，「推麻」（註：打麻將）為樂，夏霖也不例外。直到有一天，他從牌桌上下來，突然在電腦看到余世存的一篇文章——〈八九一代人是醜陋的〉。

「當時就驚出了一身汗，覺得自己太墮落了，」他曾這樣對郭玉閃等朋友說。

這成了他離開貴州的直接誘因。林茹也證實了這一點。2001年，他到了北京，送兒子上了「不用帶紅領巾」的私立學校，自己則去讀北大的民商法研究生班。

## 「資方律師」的選擇：「我要進去了，你也給我好好整！」

「夏霖總是對別人說，他的人生是被我帶偏的，沒想到的是，最終，他因我繫獄，」三十九歲的郭玉閃說。

2015年9月，郭玉閃在被關押將近一年之後，以「非法經營罪」取保候審。在他獲得自由時，他的辯護律師夏霖已被關押十個月。

他們相識在2001年前後的北大。那時，一批公民運動的思想者和行動者，正在初興的互聯網上嶄露頭角。郭玉閃當時在北大讀政治經濟學碩士，在北大BBS論壇「一塌糊塗」上，他是公民生活版的活躍分子，也是青年行動者中的佼佼者。在茅海建的近代史課堂上，他遇到旁聽生夏霖。「我們是臭味相投。」郭玉閃說。

他們都喜歡飲酒、論辯。2014年，郭玉閃在獄中時曾用詩回憶那段生活：「當年匹馬入京城，年少張狂五嶽輕。朋輩呼求唯快意，風雲嘯聚任豪情……」

2004年之前，郭玉閃常在北大靜園組織草坪沙龍，請一些獨立學者來沙龍與年輕學子分享。校方不能明著驅趕，每次沙龍，便開始澆灌草坪。2004年9月，「一塌糊塗」BBS被關閉，郭玉閃和朋友們在靜園草坪聚會抗議。那個下午，夏霖揣著他的律師證，徘徊在被水浸過的草坪外。參加抗議的每個人，都給夏霖寫下了授權委託書。

2006年，郭玉閃牽線，王振宇律師等人成立了北京義派律師事務所，依託於中華律協憲法與人權委員，主要辦理一些公民法律援助案件。夏霖當了第一任的義派所主任。「義派」，是從英文「impact」音譯而來。意為「影響」，表明了他們希望通過個案影響制度的理想。

郭玉閃說：『我要進去了，你給我好好整！』夏霖回應：『我要進去了，你也給我好好整！』

在這之前，夏霖曾糾結過，差點回了貴州。郭玉閃記得他們還一起喝了告別酒。但他終於還是回來了。「在貴州，他自稱『資方律師』，吃香喝辣的，最終，他還是徹底告別了那種生活，把自己和公共領域連在了一起，」郭玉閃說。

2007年，郭玉閃成立傳知行研究所，做出租車行業研究、稅務研究，也介入對三聚氰胺毒奶粉所致的「結石寶寶」的救助等。2012年，他參與解救山東盲人維權者陳光誠，批判的思想與行動不斷走向縱深，最終，牢獄之災迎面而來。

2014年10月，郭玉閃被抓，與十年前北大靜園草坪一樣，夏霖成了辯護律師。

在公民行動的道路上越走越深，他們對彼此的處境，都有心理準備。2014年5月，浦志強被抓之後，郭玉閃回憶，在夏末的夜市上，幾個人一邊討論對策，一邊碰杯。郭玉閃說：「我要進去了，你給我好好整！」夏霖回應：「我要進去了，你也給我好好整！」此時，旁邊的傳知行研究員黃凱平也湊過來，為他們「作證」，三人一起舉杯。

之後不到兩月，在香港「佔中」風暴的席捲中，他們三個，全都「進去」了。

如今，郭玉閃重獲自由，黃凱平也回到了家。而夏霖，在被關押582天之後，迎來審判。

## 只戰法庭：「政治案件法律化，法律案件技術化」

作為律師的夏霖，對自己的專業技能頗為自負，常以「技術派」自居。2006年他曾代理的崔英傑案，就被認為是「技術派」辯護公共議題的成功個案。

崔英傑，退伍軍人，為養家餬口，在北京擺攤。城管要沒收三輪車，他跪地請求，而不被允許，激憤之下，刺死了城管李志強。之後，北京授予死者李志強「革命烈士」稱號，崔英傑則面臨被判處死刑立即執行的危險。

十年過去了，崔英傑的父親還記得初見夏霖的情景，他們全家把夏霖當作了最後的救命稻草。林茹則記得，那年，兒子十歲，看報紙，突然對爸爸說：你去幫幫他們吧。

**我平時又不說過多的話，都是決戰法庭，沒事的。**

「他確實為崔英傑案傾注了心血，」哥哥夏洪說。他到現在還記得弟弟的辯護詞，闡述了城管制度的弊病，向死者家屬道歉，也有對「引車賣漿者」民生疾苦的描述，「感情和理性結合得很好。」郭玉閃則認為，崔英傑案中，夏霖最高明的一點，是在輿論尚未被點燃之前，提前給全國人大寫信，詢問城管是否屬於國家公務員序列，並獲回函，確認了城管不屬於公務序列，這就使崔英傑「妨害公務」的罪名無從被談起。

夏霖的同事李瑾記得，當時輿論非常熱烈，法學界還舉辦了針對城管制度的研討會，夏霖思量再三，沒有去參加，是怕惹怒法庭，「盡可能地為崔英傑著想」。

最終，崔英傑被判處死緩，保住了性命，這是一個律師所追求的不錯結局。自此，他也對自己的「技術派」觀點更有信心。「律師的舞台就在法庭之上，」他帶著專業的驕傲，也曾安慰擔心自己的哥哥：「我平時又不說過多的話，都是決戰法庭，沒事的。」

也是在崔案之後，他受浦志強律師的邀請，加入了華一律師事務所。

夏霖掛在嘴上的一句話是：「政治案件法律化，法律案件技術化」。但他的「技術派」處理方式，放在中國的環境裡，用武之地不多，更常常被真正從事政治反對的人批評。

譚作人案就是典型一例。四川地震後因追查倒塌學校細節，被訴以「煽動顛覆國家政權」的作家譚作人由華一所辯護。譚作人的夫人王慶華，至今記得那次開庭的細節：

律師要說的話，幾乎全部都被法官打斷，而當女審判長敲響法槌，宣布擇日宣判時，夏霖一下子就跳起來，指著審判長的鼻子，用四川話大罵：你把老子們的證人名單騙起去，就是為了把證人堵在法庭外面，真他媽的太卑鄙了！格老子把西南政法大學的臉丟盡了！四川公安搞出來的爛事，你格老子去頂啥子雷……

那天開完庭，門外有兩百多人在圍觀，夏霖後來向朋友們回憶，來圍觀的人們在鼓掌，「我眼淚又快下來了，一扭頭，進了衛生間，」他得意於自己當時「忍住了眼淚」。

## 不介入政治的「偽裝」不堪一擊

夏霖代理了不少人權案件，卻不希望被貼上「人權律師」的標籤。有記者曾在報導中提及他是人權律師，反被他指責了一頓。他認為：「不貼標籤，才是對自己的保護。」

原立人大學的李英強曾經認為，夏霖當然對體制有很清晰徹底的認識，但他一直在行動中小心翼翼地不撕破臉皮，試圖維持與體制的和平共處。

他反倒樂於被認為自己耽溺於「吃喝玩樂」。「他一直喜歡鬥地主。貴州的風俗便是這樣。他喜歡賭，我知道他的毛病。但真沒想到最終在這個毛病上出事，」哥哥夏洪說。

但不管是「技術化標籤」，還是「偽裝」不介入政治。當時局惡化，夏霖的自我保護，其實也就不堪一擊。

**『律師不可能擔當革命者的角色，但可以做一件事，就是用個案推動法治，一個案子再大，我也就是個律師。還是通過案件影響一個個知道案子的人』，律師王令說。**

「多數的此類案件，其實是一個邏輯。例如對郭玉閃，先是尋釁滋事，做不成，就成非法經營，」萬聖書店老闆、與夏霖認識十年的劉蘇里認為，當局對夏霖沒有以政治罪名抓捕，而是以「詐騙」這一罪名來處理，這一開始，就讓同情者心中有了顧忌。

在劉蘇里的印象中，夏霖比較「狡猾」，自己做的事不太說，這也使得外界並不很了解他：「他是個低調、以當事人利益最大化、發揮一流辯護技術的律師。也因此，他的付出和知名度並不匹配。」

夏霖案偵查階段的代理律師王令則說：「他做的抗爭性案子，也只是一部分。平時做的多的，還是商業案子。他也常說，代理貪官、黑社會的案子，收錢不能手軟。」

## 當技術派律師遇見「技術化」罪名

2014年11月9日，夏霖被抓，案由是三個月之前的一場賭博。之後，夏霖的罪名被升級為「詐騙」。而檢察院指控提出的幾位債主，都是他有經濟往來的朋友。

最初，郭玉閃也一度被警方列為「受害人」。據郭玉閃介紹，夏霖被抓初期，警方曾再三要求他指控夏霖詐騙，被他拒絕了。「其他幾位，失去人身自由一段時間，又都是生意人，壓力之下，只好控告他借錢不還，」知情者介紹。

王振宇律師認為，這種國家非要出面去替私人「討要借款」的行為，正暴露出了夏霖案的「政治特色」。但「詐騙」的聲名，有效影響了輿論對夏霖的關注。

另一個事實是，夏霖長期以「技術派」自居，與其他勇於在公共領域發聲的「死磕派」律師保持著一定的距離。

從2013年以來，中國律師裡開始出現「死磕派」，他們在案件中與官方「死磕」程序，熟練運用互聯網和自媒體，發聲揭露不公，往往讓司法部門被動尷尬。2013年，貴州「小河案」，以及其後的「北海案」，死磕律師抱團取暖，爭取律師權益，一時風生水起。在律師周澤看來，夏霖一向與「死磕派」團體保持距離，過去也較少參與到死磕律師的維權過程中來。在一些個案中他採取的策略，也得罪了一些律師界的朋友。

「我始終認為，律師是一個很有行動力的職業共同體，只要不是聽命權勢鼓點起舞的敗類，律師間無論辦案方向、理念有怎樣的差異，個人關係上有什麼問題，關鍵時刻，還是應拋開歧見和隔膜，團結起來，」倫理學者肖雪慧說。而一直關注這個案件的作家徐曉，則認為，對律師來說，可以當自己的技術派，但必要時，也一定會去支持死磕派。「我內心有自己的看法。但面對公共空間，永遠選擇與專制對立的道路。」

律師王令則依然支持夏霖：「法律人本能地反對以行為藝術的方式來表達觀點，法律人的舞台應該在法庭上。你可以質疑，但要就事說事，而不是預設立場。」

「律師不可能擔當革命者的角色，但可以做一件事，就是用個案推動法治，一個案子再大，我也就是個律師。還是通過案件影響一個個知道案子的人，」王令說，越是環境惡劣，越要「保重有用之身」。

夏霖的妻子林茹說，丈夫被帶走後，警察找過她兩次。告訴她，「夏霖壞透了」、「我要是你，早就和他離婚了」……「我就問他們。他那麼壞，那你們查到他有別的女人嗎？警察愣了一下。說，還沒查到。」

最近她常常夢見他，「在夢裡，他穿灰衣服，短髮，好像在監獄裡，一個電子屏幕上有他的名字，我總是非常擔心，」她說。丈夫正與這時代最嚴峻的問題迎頭相遇。「我想過，無論是什麼樣的結果，無論外界怎麼看待他，我都會等他回家。」

# 艾曉明：困獸猶鬥

趙思樂

艾曉明導演最新拍攝了《夾邊溝祭事》紀錄片。（圖：中國獨立紀錄片研究會提供）

2015年12月底，中國甘肅省山區的氣溫已經降到攝氏零下十幾度，大雪封閉了山野。六十二歲的知名獨立紀錄片導演艾曉明，穿著紅色衝鋒衣，在山坡上拍攝千里冰封的景觀。她腳底一滑，眼看就要摔跤，倒下瞬間，她下意識要保護手裡的攝像機，竟在單膝跪地後穩住了沒有撲倒下去。

她帶著半腿雪艱難地站起來，大笑道：五十塊錢網購的靴子果然不給力。[1]

她前兩天就怕這雙已經磨光了的靴子打滑，在批發城裡淘了雙一百三十塊的布鞋，「這是我這幾年來買過最貴的鞋子，」她說。這雙「貴價鞋」穿了一天後發現磨腳，她只好又換上原來的光頭靴。

兩天後，艾曉明來到東接蒙古國的甘肅邊境小鎮「馬鬃山」，這是她的一位採訪對象年輕時被下放的地方，她顛了三百多公里土路到這裡，就為了配幾秒空鏡頭。在鎮上唯一的商店裡，艾曉明驚喜地發現五十塊錢一雙的軍用棉鞋，還帶防滑膠釘，她當即買下，興奮得反覆說：「太好了，不用買貴鞋子了！」

艾曉明是在拍攝新紀錄片《夾邊溝祭事》，她已為此工作了一年半多，粗剪的成片全長已達五集，共六個多小時。

---

[1] 編註：本文提到的幣值均為人民幣。

按原計劃，這片子2015年夏天就該完成，但家庭責任讓艾曉明的進度比預期慢得多——只有她九十多歲的老父親身體狀況穩定、護理阿姨照料得力時，她才能搶著時間出差採訪幾天。

儘管艾曉明的許多朋友看了《夾邊溝祭事》的粗剪版本已經震撼不已，但她自己覺得還不夠好。她想等一場大雪，好當作空鏡剪進片子裡。2015年的冬天，她終於等到了這場雪，但趕往甘肅拍攝八天之後，醫生通知她父親又發燒住院了，艾曉明只得趕回家過天天跑醫院的生活。

艾曉明2012年從中山大學中文系的博士生導師職位退休，她現在常用三個身份描述自己：女兒、家庭主婦、紀錄片工作者。

這基本構成了她在武漢家中的日常：一天多次去看看房裡的父親，他精神好時陪他坐坐說說話，雖然他大多數時候都在臥床睡覺；跟請來的阿姨溝通老人家的照料，吃得少了要煮得更稀，天氣涼了多加一床被子……其餘時間艾曉明就在臥室裡剪片子。這還是好的，如果父親住院了，她就得每天花一兩小時坐公交去照料，能工作的時間所剩無幾。

## 「瘋子是這樣煉成滴！」

《夾邊溝祭事》裡的右派老人們比她父親小不了幾歲，他們講著她熟悉又陌生的故事：1957到1960年的甘肅夾邊溝勞教農場，兩千多名右派在零下二、三十度的荒漠中被強制勞動、凍餓而死，最後存活的不足六百人。人們相互揭發，也用樹枝幫彼此從肛門裡掏出糞便。他們約定死了相互掩埋，也吃過對方的屍體，卻鮮有人能夠反抗——說是麻木都過於簡單以至不公道了，系統性的話語、思想和體力的剝奪，讓人失去任何反抗的可能。

這種狀態艾曉明是熟悉的，雖然她的故事沒有那麼極端殘酷。

她記得自己父親被打成「反革命」的那一刻。那天中午她回家吃飯，一走近教學樓就聽見高音喇叭呼著革命口號和「打倒艾XX」。她一抬頭，矇了，教學樓上高高垂下大標語，大字報上全是父親的名字，用紅墨水畫著大叉叉。那是1966年，艾曉明十三歲，她的父親是那所中學的英文老師。

「我爸是壞人了？我爸是『現行反革命加歷史反革命』了？」艾曉明記得那天悶熱極了，悶得她發昏。兩個學生叫住了她，說：「艾曉明！你爸是反革命，你是少先隊員，要聽毛主席的話，要寫大字報揭發你爸，和他劃清界線！」

艾曉明第二天就貼出了大字報，直到現在，她都沒問過父親是否看到了。

「我一點沒覺得這事不正常，但我有點詫異，怎麼我父親成了這樣一個人？但連劉少奇都是一個大壞蛋，身邊的原子彈無處不在，那我爸是原子彈有什麼奇怪？好了，他是原子彈，我不是，」艾曉明說起當時，「我們不會思考權力者的過失，而努力地去擁抱它，用愛的語言向它示好，換得內心的安全。」

艾曉明現在會把那種狀態叫做「斯德歌爾摩綜合症」，小時候的她當然無從分辨。

少年艾曉明一心想要超越「黑五類」（註：文革時對政治身份為地主、富農、反革命分子、壞分子、右派等五類人的統稱）的出身，證明自己比「紅五類」更加靠攏組織。她在「革命中心」省委大樓附近一張一張地看紅紙的大字報，那是紅衛兵組織的招募告示，她要找找有沒有組織要她這種出身的人；她實在找不著就自己成立了一個人的「小紅松戰鬥隊」，沒有意識到當紅衛兵就是出門鬥別人的爸爸；她自作主張把名字改作「艾衛紅」，跟同學串聯到北京要見毛主席；她有兩次「揭發」的經歷，一次是有中學生讓她監視鄰居的右派老師，一次是下鄉到礦山中學教書時報告了同事有「不滿情緒」——這次揭發的痛苦和不安正式終結了她的文革歲月，那已經是

1977年，艾曉明二十四歲了。

在拍攝《夾邊溝祭事》過程中，艾曉明有時會想起小時候的心理和經歷，但她說那是很少的，大多數時候她是像學者做研究一樣在用理性去認知整合，「可能那種情緒化的東西已經在少年時代消耗掉了。」

但與親歷者一起通看全片時，艾曉明有時會覺得喘不過氣來。她現在用「深惡痛絕」來形容自己對那個時代的看法。

「最讓我沉重的是，受害人依然不得不說我不反黨，我愛黨，我只是對某一件具體的事情不同意，我只是不同意這個具體事情的做法……因為我非常清楚這種話只是面具，」艾曉明說，「我不是說他心理其實是很恨的，而是他心裡可能沒有對這個極權制度做深入的思考，或者說有一些人從來不去思考這些危險的問題。」她認為，對經歷過那些歲月的人，這種狀態相當普遍。

2015年底，艾曉明偶然在網上看見了一段「忠字舞」視頻，「你說怎麼會有這麼醜的舞，這簡直是世界上最醜的舞！」她在餐桌上對來訪的友人說，「這樣的！這樣的！」她把垂下的左臂從肘部斜向上屈起，右臂斜向上伸直，手心向上，兩手一起向上伸，每伸一下欲作弓步的右腳同時重重跺下，跺得桌下的地板嘭嘭響。這是表達敬仰毛澤東的動作。

「還有這樣的！這樣的！」她抬起右臂、手握空拳、屈在胸前，左臂伸得直直地插向斜下方，身體向右前頓，每頓一下也是同時在桌下跺腳，木地板又在嘭嘭響。這是表達前進和戰鬥的動作。

沒有忘，是的，一點都忘不了，「我們小時候天天就跳這麼蠢的舞，現在是個正常人都不容易啊！」那幾天，艾曉明一再地說起那段視頻，重複這句「現在是個正常人都不容易……」

她在轉發這段視頻時配的文字是：「瘋子是這樣煉成滴！」

「我在這樣的社會裡生活了很久，所以我對它是怎麼控制人有極大的興趣，」艾曉明說，「它怎麼能夠把人控制到這個程度？我們要知道它的符碼，並且找到解碼的方法，我們才能從這個魔咒裡解除出來。」這是她拍《夾邊溝祭事》時的想法之一。

## 「被懲罰的人們乞求確認他們的罪！」

艾曉明自己「解除魔咒」的過程相當漫長。

1978年，否定文革、解放思想、平反冤假錯案，對艾曉明影響最大的是恢復考研。這一年，本來因出身不允許上高中的她，考上了華中師範大學的中文系研究生。「本能地很歡迎這個時代，歡迎這些變化，」艾曉明說，「又有學可上了，出身也不用填偽軍官了，可以填教員，好像把『黑五類』這一塊抹掉了。」

外在的身份抹掉了，內在的記憶卻沒有。十餘年的「黑五類」經歷，讓她對壓迫和歧視有近於直覺的共情與不平，這個烙印追隨她至今。2015年7月，看到維權律師王宇被抓、她的兒子包卓軒被禁出國的新聞時，艾曉明發聲道：「孩子你別怕，大姨我當年也是『黑五類』。你的世界註定寬廣，很多人都關心著你。」

類似的，在那個知識驟然被重新認真對待的80年代，艾曉明選擇的碩士論文題目關於巴金，她說當時抱著一股勁，想為巴金被否定的早期無政府主義思想辯護。那是艾曉明運用理性批判主流話語的開始，她認為，當時的研究幫助她培養了思辨能力，以及對主流論述保持懷疑的立場和態度。

1988年底89年初，艾曉明在北京師範大學獲得博士學位，成為文革後的第一位文學女博士。留京任教於中國青年政治學院。

同一時期，艾曉明遇見了她一生中最重要的思想資源之一：米蘭・昆德拉（Milan Kundera）。

那時《生命中不能承受之輕》剛剛乘著「文化熱」的東風譯介進中國，她讀了這部小說就很想看到昆德拉的其他作品，在國內卻不可得。恰在此時艾曉明獲得了到香港中文大學訪問三個月的機會，在那裡她讀到了昆德拉的《小說的智慧》英譯本。

「我對他那種對極權時代的文化和心理狀態的透視有很強的共鳴。」艾曉明用「一拍即合」來形容她閱讀昆德拉的感受，她決心把《小說的智慧》翻譯成中文，也由此成為了中國最早譯介昆德拉的學者之一。

米蘭・昆德拉通過艾曉明的手將極權時代的邏輯寫成中文：

> 「一個人受到懲罰卻不知道受懲罰的原因。懲罰的荒謬性是如此地令人難以承受，以至於要尋求平靜，被懲罰者就必須為他的懲罰找到一個正當的理由：懲罰尋求罪過。」
>
> 「不僅判決的材料根本不可能找到，而且判決本身就不存在。要呼籲，要懇求寬恕，你必須被宣告有罪！被懲罰的人們乞求確認他們的罪！」

1993年，艾曉明翻閱文革期間母親的學習班筆記，裡面寫道：「檢查我的小資產階級情調。那天看到辣椒被牛踩了爛在地裡，我到食堂向師傅要了一個小鐵桶，替伙房摘了點辣椒，交到伙房。第二天向師傅建議，辣椒用鹽涼拌吃。一個師傅說，你愛吃你自己買點去醃了吃，我一聽就拿了一角錢菜票給他，他給了我一些辣椒……我當時沒有認識到這是錯誤的，後同事給我提出來，才提高到原則上認識這是不對的。因此馬上將涼拌的辣椒交到伙房去了……雖然是一碗辣椒，但卻是公與私的大問題，以後一定要在生活小節上注意……」——懲罰尋求罪過，被懲罰的人們乞求確認他們的罪——艾曉明感到暈眩，要倒下，要逃出，她推開筆記本，站到涼台上大口呼氣。

《小說的智慧》譯本完成後，艾曉明根據自己與家人的文革回憶和記錄寫成了長篇紀實作品《血統》。

昆德拉的《笑忘錄》裡，主人公米雷克說：「人與政權的鬥爭，就是記憶與遺忘的鬥爭。」

## 開始很積極的人都打了退堂鼓，艾老師才真的上街了

2005年9月，一篇《新京報》對艾曉明的採訪在網絡上流傳甚廣，採訪裡艾曉明說：「學者首先是一個人，是一個公民，對公共事務應該有一個寬廣的視野，有一個關注的態度。」

此時艾曉明已經介入過「孫志剛案」、「黃靜案」和「太石村事件」三個在媒體和網絡上轟動一時的公共事件，其中「孫志剛案」被認為有著開創「中國公民社會元年」的重要地位；在「太石

村事件」中，艾曉明的拍攝記錄，讓民間行動者開始將這位「教授」視為自己人；在「黃靜案」中，艾曉明的推動對事件的影響發酵起著關鍵作用。

這三件事也讓艾曉明在公眾眼裡從一個純粹的學者，迅速轉變為有民主、維權色彩的行動者兼公共知識分子。那篇簡短的採訪有一個應景的名字〈衝出書齋，奔向田野〉。

那是中國剛剛申奧成功、加入WTO、新領導人上台的時期，社會和政治氛圍之寬鬆可謂達到1949年後的最高峰，於是市場化媒體雄心勃勃，互聯網熱促成BBS時代，被長久壓抑的公共參與和公共討論需求爆發出來。

在這樣的背景下，艾曉明的言論、行動和紀錄片獲得了公眾的關注和認可。她被《南風窗》雜誌授予「為了公共利益良知獎」，又被《東方女性》雜誌讀者選為「最有影響十大人物」之一。

那恰是艾曉明的知天命之年。往前推個十年二十年，她大概無法想到自己會是這樣的角色。

1989年那個最著名的春夏之交，政治漩渦席捲整個中國，對於艾曉明卻是隔膜的。當時的她剛結束香港訪學回到北京，一邊在青年政治學院教課，一邊繼續潛心翻譯昆德拉。但她無法不察覺到班上來上課的學生越來越少，那是四五月，學潮已經開始發酵。

「我根本就沒有覺得這有多大事兒，」艾曉明說起那時，「學潮之前北京也是很活躍的地方，西單民主牆、反自由化運動、這裡那裡有什麼論壇、過幾天又批（判）幾個人……大家都去反官倒，這有什麼奇怪呢？」

艾曉明總共去過廣場三次，第一次是給去絕食的學生送被子，最後一次是去看望一位在廣場陪學生的老師。她對第二次的印象較深，當時她家住在校外，一次進校上課遇到了青年教師的遊行隊伍，一位同事出來問她敢不敢一起去。「她不是問我要不要去，而是問我敢不敢去，」艾曉明回憶自己當時的心態，「我並沒有覺得想要參加遊行，但你問我敢不敢去，我沒覺得不敢，反官倒沒什麼不好，我也不反對這事，我就去了。」

這種情景讓艾曉明想起《生命中不能承受之輕》裡的外科大夫托馬斯。當兒子帶著反對人士來找他在請願書上簽字，托馬斯感到猶豫，他對聯署的效果不以為然，但感受到親情和群體的壓力的他還是簽了。「可能是剛從文革過來的人，我很反感各種集體活動，」艾曉明說。

艾曉明的八九經歷在別人的記憶中卻有另一種敘事。多年以後她當年的同事跟她的博士生黃海濤聊到過這個話題：艾老師在八九的時候，在前期很冷淡，但是在北京頒布了戒嚴令以後，一些一開始很積極的人都打了退堂鼓，艾老師才真的上街了，所以同事們都很佩服她。

6月4日坦克開上了天安門廣場，當局終結學潮的方式在艾曉明看來匪夷所思。之後，青年政治學院內經歷了一段緊張時期，老師們被要求檢討自己「五十六天動亂」期間都做了什麼，同事間相互揭發。她所教授的中國現當代文學也禁區驟增，蘇曉康、劉賓雁、王蒙等作家都因在「動亂」中「表現不佳」而不能提。不滿於學院太過「政治化」，艾曉明申請調往剛剛建立了中文系博士點的廣東省中山大學，希望專心參與學科建設。

多年以後，聽到別人評價她是對公共和政治問題比較關心的學者時，艾曉明回應道：「那是因為一大批關注社會的人已經被抓了，或者流亡了，大量的人不能說話。高校經歷過那麼多清洗，不問政治的人才能留下來，我只是現在才顯得比較突出而已。」

## 「我們教授女性主義，不是給中產階級輸送優雅好太太」

艾曉明從書齋走向公共參與的「啟蒙」應屬世紀之交她的十月美國訪學。田納西州陽光溫潤，南方大學的寧靜校園裡，艾曉明真正開始研習她日後另一個極為重要的思想資源：女權主義。

當時國內大學的性別研究和學科教育剛剛起步，艾曉明在出國之前就對女權觀點的文學批評有興趣，「這當然和我自己的女性身份有關係，性別視角的文學批評在學術方法上也是有新意的，我對它有感覺，」艾曉明說。她去美國時就打算去取取經，回來開設相關課程。

艾曉明在美國選聽了婦女研究概論，「聽那個課我就特別有感覺，我覺得是一個很解放性的課程，」艾曉明說，課程雖與文學、藝術沒有直接關係，但探討了很多現實問題，「它探討女性為什麼受壓迫。關於性暴力，關於我們為什麼得不到平等的工作機會，為什麼有透明天花板，女性成不了領導者⋯⋯像這些問題我覺得分析得很對，恰恰把我們多年以來在學術圈裡感受到的，說不出來的東西說出來了。」

另一個艾曉明在美國才真正接觸的事物是互聯網。她跟老師討論問題時，老師給她推薦各種資料，她問去哪裡看，老師說Google，她問什麼是Google，老師就為她打開了網頁。「哇，我簡直瘋狂了，Google上什麼都能找到！」艾曉明說，想知道一個學科怎麼開課，她就下到了幾十份課程大綱。

從1999年讀大三時就選了她作導師的黃海濤，至今記得艾曉明回國後反覆推薦學生們使用Google。當時Google還沒有在中國大陸被禁。從Google開始，學者艾曉明對接上了互聯網時代，才有了之後的公共介入。

艾曉明欣賞美國注重實踐、強調批判性思考和社會責任的教育方法，2000年回國時決心將這套教學帶回來。恰逢中山大學中文系建設一級學科，學歷資歷俱佳的她被定為新建立的比較文學與世界文學教研室主任。2003年艾曉明又在其上建立了兼具NGO和校園社團性質的「性別教育論壇」，從此有了一展拳腳的平台。

國內首演《陰道獨白》、反對約會暴力「白絲帶運動」（註：2003年中山大學一名女生被殺，艾曉明倡導關注其中的性別暴力問題）、孫志剛家屬訪談、黃靜案推動和介入……這些行動都是由艾曉明與其他參與性別教育論壇的師生一同推動。 從本科到候選博士在艾曉明身邊十三年的黃海濤，用「學生、助手、合作者」來描述自己在論壇中的學習工作。從那時開始介入事件和在媒體發聲的他，現在成了專業的NGO工作者和時事評論者。

「我在美國進修的時候，講到婦女權利，我們都會講到種族、性別、階級、性取向之類，講到所有弱勢群體的權利是相關的，」艾曉明說，「這對我來講是一個基本的觀念框架，我們不會把女權跟其他的東西分開。」

當時被性別教育論壇邀請來拍攝《陰道獨白：幕後故事》的紀錄片導演胡杰，對這位剛剛認識的老師有強烈的第一印象，「第一次接觸就是一名中大女生被殺以後，我看到這個老師她很有號召力。她居然能把她的研究生、博士生弄在一起，馬上開始討論，說我們要回應這個事情。這個老師好像很有戰鬥性的樣子，」胡杰回憶道，「她們就立刻把原來的一個演出改編成跟這個事件有關，然後好像是第二天還是第三天就在中大禮堂演出。那天擠滿了人，演出開始之前艾老師有一段發言，這個發言非常的有力量，把對於女性的暴力這個主題說得挺透，我就把它全部拍下來了。」

這也成為艾曉明與胡杰紀錄片合作的開端，首尾六年。

「我看不出女權主義哪一條可能脫離現實抗爭，」艾曉明說，她本來沒有想著一定要挑戰什麼，但在中大開設女權主義課程之後，她才發現學生們有那麼多過去沒有被看到的性別壓迫經歷，而且現實中會有那麼多阻力和反對的聲音，「在你沒有亮明觀點之前是沒有人要來跟你打仗的。」

艾曉明2004年在「婦女－社會性別學課程發展和教學法研討會」的發言概括了她的教學理念：「我們教授女性主義，不是純粹的知識傳遞，而是面對不平等的事實，分析原因，推動改變……我的目標不是給中產階級輸送優雅好太太，而是培養人才去改造社會，改變處於比你更不利處境的人的命運。你要承擔這樣的社會責任，就得要理念清楚、信念堅定、百辯百勝。」

與大多數受到「孫志剛案」的啟發開始參與民間發聲與行動的人一樣，艾曉明的初衷是相信更強大的輿論關注、更清晰的道理事實能推動官方改變不公，這也是2003年後民間的「主旋律」。

她選擇的介質是紀錄片。

在那之前，她的感受、思考和表達幾乎全都是通過文字來實現的。「我們大多數人都習慣將文字作為求知、表達的工具，但是在中國這種極權社會，宣傳術和洗腦術也是通過文字來實現的，它特別否定具象，否定人們的直觀體驗，」艾曉明說，「而影像、紀錄片，它呈現的就是這些直觀、具體的東西。」

這是她從事紀錄片工作十多年以後沉澱下來的思考，而在拿起攝像機的當初，艾曉明的想法是相對簡單的——看到胡杰的《尋找林昭的靈魂》，她覺得紀錄片的影響力很大，她想到或許可以用紀錄片讓更多人了解「黃靜案」，從而給事件帶來改變。另一個很實際的想法是，她以後可以用這個片子作為女權主義課程裡的教學資料。

況且，她也是愛影像的。她記得小時候每到週末就豎起耳朵收集各種風聲：今天晚上放不放電影？也記得自己「寧可信其有」地早早在操場上放了小板凳，知道了沒有又悻悻地冒雨把板凳搬回家。

在美國訪學時，她幾乎每天都要借兩三盤錄像帶來看，她覺得一定要趁這個機會把國外的電影看個遍，離開了就再也看不到了，但有時她泡了一天看片子以後又懊悔，「又什麼書都沒看。」

優質影像的浸淫讓艾曉明產生了一種創作的衝動，「這種衝動一直被我的職業身份壓抑著，我想自由，自由地創作，」艾曉明說，「在紀錄片領域工作的人太少了，在這個領域工作的女性就更少了，在這個領域工作著的女性，同時是關注社會運動的，就很少很少。我就有一種想法，想要開創中國女權主義紀錄片的歷史。」這或許是促使她拿起攝像機的因素中最為「高大上」的一個。

## 從一開始就將紀錄片與行動融為一體

艾曉明第一部親手拍攝的紀錄片是《天堂花園》，關於2003年的「黃靜案」，這是在湖南湘潭一個女教師宿舍內發生的一起裸死事件，湘潭警方稱其為正常死亡，而黃靜的母親則認為男子姜俊武強姦未遂導致了她的死亡。網友一開始紛紛對此事義憤填膺，但隨著姜俊武與黃靜的情侶關係浮出水面，輿論轉向質疑黃靜母親。

艾曉明則在其中看見了公檢法和社會公眾對「約會強姦」作為

性別暴力問題的盲區，於是介入和推動此案的澄清。她邀請黃靜母親到中大與師生討論案件、聯合女權學者和NGO給有關部門提意見，也出謀劃策讓中大法醫中心去給黃靜屍體做獨立鑑定，並把這些拍到了紀錄片中。她的觀點在當時備受爭議，直到現在許多男性知識分子仍不以為然。

艾曉明的其中一個反對者就是她的合作伙伴胡杰，對他來說，這屬不屬於暴力需要打問號。他現在回想仍覺得艾曉明當時非常強勢而且有欠中立：「我們吵得簡直是，我差一點就走了！」

在這次合作幾近破裂的臨界點上，從來沒有獨立拍攝經驗的艾曉明站在湘潭街頭，看著民間藝人賣唱，「我就很有一種人世滄桑的感覺，我就拿起攝像機開始拍，」她回憶說，當回到住處看自己拍的東西，她突然就生起一種信心，「我覺得我拍得很好，我覺得自己完全可以做這件事，我對場景和事件有感覺。」

胡杰在糾結後覺得把一大堆素材交給一個沒有剪輯經驗的人是不負責任的，他告訴艾曉明自己會協助完成這項工作，但如何編排由艾曉明主導。

最終，《天堂花園》上中下三集，加上「黃靜案」判決和後續討論，前後歷時三年完成，共長達一百八十分鐘，是對該事件最完整的民間紀錄。參與了案件的發聲寫作的黃海濤認為，這是少有的甚至僅有的對重大公共事件的社會性別視角民間討論和紀錄。而胡杰對這個複雜事件沒能從中立角度做更廣泛的記錄仍感可惜。

作為紀錄片「菜鳥」的艾曉明，並沒有胡杰的「紀錄片導演應該像牆上的蒼蠅一樣去觀察」的觀念，她從一開始就將紀錄片與行動融為一體。當《天堂花園》在英國放映，觀眾用「參與式」這個詞彙來描述它，香港放映時，一位學者評價道：「這是行動者的紀錄片。」

## 「她總是在追尋越來越細節、越來越豐富的真相」

艾曉明明確地將紀錄片作為一種社會運動的方式，應該說是在拍攝《關愛之家》和《中原紀事》期間。這兩部關於河南愛滋病感染者的現狀與自救努力的紀錄片，緣於2005年底她接到了媒體人王克勤的一個電話，報導了此事的他希望艾曉明能拍攝感染者的故事。她聽了王克勤的介紹，又把報導找來看，覺得故事性很強，可以做紀錄片。她為此感到興奮，就邀上胡杰去了。

在這個事件裡艾曉明認識了萬延海，中國最早推動愛滋病感染者維權的民間領袖，他創立的NGO「愛知行」是中國日後許多知名反歧視工作者的孵化器和聯結點。由於受到官方的打壓，萬延海在2010年移居美國。「我跟萬延海一起參加感染者的活動，我覺得那就是一場社會運動，是一場維護權利的社會運動，」艾曉明自覺地加入了這場運動，在其中承擔一個紀錄片工作者的角色。

關於艾曉明是怎樣工作的，胡杰舉出《中原紀事》裡的一個例子：「我們去了那個『關愛之家』（註：一個收容照料愛滋病孤兒和感染者的民間機構，其負責人是段軍），去了以後我們拍到了這些孩子的生活、拍到孩子和段軍之間的關係，也採訪了段軍，我覺得夠了。但是後來她自己又去了，她又拍了一個尼姑（註：尼姑釋妙覺是一位民間維權人士）去到那裡，跟患者之間的關係，又拍了段軍找了一個女朋友，又拍了他倆之間的關係……我本來覺得拍完的事，她自己又去、又採訪、又去，去了好多次。」

在《中原紀事》的結尾處，艾曉明放的是釋妙覺帶著感染者一起做的祈禱：世界和平、國泰民安、風調雨順、刀兵不起……「我感動之至！」艾曉明回想起那一刻，「人們想要的東西就那麼多，這個狀態裡面有一種中國人的生命，有一種魂魄，雖然這個魂魄在現代社會是一個失魂落魄的狀態。」

「她總是在追尋越來越細節、越來越豐富的真相，真是窮盡了，」胡杰說，「她的工作方式確實決定了她對影片的結構、把握和情感。」

艾曉明對工作的較真程度是她的博士生黃海濤很熟悉的。他記得在選導師時就聽說過艾曉明「論文殺手」的名號，他說儘管她2000年回國後嚴厲程度稍減，但仍會認為研究生們一週讀不完七百頁書是不可思議的。「每次我們勸她要多休息的時候，她就會說像她這樣在文革浪費了十年的人，總覺得要努力把時間補回來，」黃海濤說。

「我聽她說過一句話，」胡杰說，「她說『如果我到要死的時候，往後一躺就死掉了。』意思就是她要一直在忙碌工作著，如果要死也不會躺著床上病病歪歪的，她要一倒床上就死掉好了。」

## 她在曠野上奔跑呼喊，一路往槍口上撞

2010年2月，四川的冬天是陰冷陰冷的，艾曉明揹著沉重的行李，深一腳、淺一腳，獨自走在川大校園裡，去找一個採訪對象。她感到勢單力薄，她知道這系列片子沒法再往下拍了，因為這場運動結束了。

那是艾曉明在拍攝川震系列五部紀錄片的最後一部《國家的敵人》，在這部片子裡，她前四部的主角之一譚作人，遭到了國家的審判。「煽動顛覆國家政權罪」，判刑5年，雖然法院判詞稱譚作人的罪行是對六四事件「造謠誹謗」，但當時大部分的分析都認為他是因對川震倒塌校舍的調查觸怒官方而獲罪。

艾曉明說譚作人的遭遇讓她終於明白，那些承諾是永遠不會被兌現了——真相、進步、權利、法治……

那幾年，她的鏡頭裡有了越來越多的審判：2010年，《零八憲章》推動者劉曉波，煽動顛覆國家政權罪，判刑十一年，艾曉明在判決前採訪了他的妻子劉霞，劉霞判決後被軟禁；2011年，愛滋病感染者田喜，故意毀壞財物罪，判刑一年；2011年，「福建三網友案」維權者王荔蕻，尋釁滋事罪，判刑九個月；2014年，「新公民運動」發起人許志永，聚眾擾亂公共場所秩序罪，判刑四年……

至於艾曉明本人，也被越來越多的人擔憂她的安危。

「她不僅僅是一個獨立紀錄片導演，也不僅是一個學者，她是一個扛著紀錄片，帶著教授這樣的頭銜，在曠野上奔跑、呼喊的一個勇敢者，」胡杰用十分影像化的方式描繪他眼中的艾曉明，「她從一個象牙之塔走出去，從女權主義問題，又發現法治問題、人權問題、民主問題，在這一路上奔跑，就是一路上往槍口上撞。」

體制對艾曉明的定性或許早在2005年就做出了。艾曉明拍攝了「太石村事件」後，這部直錄當局對維權者的暴力傷害現場的紀錄片震撼了輿論。她又給時任國務院總理溫家寶寫下公開信，籲請他傾聽村民的聲音：「我當時還是相信中央政府是好的，或者說是不明真相的，要不然怎麼會給溫家寶寫信呢。」

公開信發布後，來了兩位自稱新華社駐廣東的記者，艾曉明想當然地認為他們是來了解公開信的事，他們也確實問到此事，又問了太石村的許多情況，她都坦誠地談了。不久之後，艾曉明的一位媒體朋友神秘兮兮地給她看了一份內參的傳真件，就是以那兩名記者的名義發的。「如果不是廣州市委的就是新華社華南分社的內參，」艾曉明勉強回憶道，「但是我不太記得了，因為我當時太排斥那個文件了，竟然都沒有像用照相機拍一下。就好像有些人不願意看自己被劃成右派的文件一樣。」

但那份文件的內容和她當時的感受艾曉明記得清清楚楚：「裡面就好像我變成了這個事情的幕後黑手一樣，『所謂的維權人士艾曉明』，我心想你們就是這樣欺騙中央的。」

黃海濤記得，那段時間不時有「警察要進學校來抓老師了」的傳言，他覺得自己有點像待在風暴平靜中心附近，艾曉明該上課就上課，該指導就指導。這件事終究沒有發生。

## 成為國家的敵人，成為人權獎得主

如果說那份文件不能說明什麼，接下來幾年裡，艾曉明原本自由的社會活動越來越多地被學校領導談話、干預，甚至異地阻攔，她才漸漸意識到，自己是被「盯上」的人了。尤其在第一批簽署《零八憲章》以後，各種壓制驟增，艾曉明隱約知道自己又回到了「黑五類」的行列。

2010年春，譚作人被宣判後不久，艾曉明欲出境香港被海關攔截。她問警察到底為什麼不讓她出境，警察叫她回去看《出入境管理法》第八條。

她回去看了，第八條規定著不得出境的情形：「國務院有關主管機關認為，出境後將對國家安全造成危害或者對國家利益造成重大損失的」——她也成了國家的敵人。

遭限制出境後，艾曉明給系主任寫信聲明不再參加共產黨的任何活動，不久後她被通知已被作「自行脫黨」處理，據說是在黨支部會議上舉手通過的。

成為「異己」註定是要付出代價的。學校不再允許她開設課程，她在首都師範大學的講座被闖入者直接關電腦拔線，在復旦大學、汕頭大學的講座被要求取消……作為一個教授，她被趕下了講壇；一些獨立影展出於謹慎不再放映她的片子，堅持邀請她的影展被警方施壓險遭流產，她在民間的放映活動被警方現場關停……作為紀錄片工作者，她被剝奪了觀眾。

但就在這段幽暗的時間裡，艾曉明收到了一個意外的好消息：

她被授予了西蒙・波伏娃獎——可以說是全世界最重要的為性別平等及人權的捍衛者所設立的獎項。艾曉明在她的獲獎感言裡寫道：「我是多麼喜歡這個大獎啊，在寒流滾滾的冰封季節，一朵五月之花從天而降，它帶給我久違的尊敬、友好的祝福、遙遠的注視和西蒙・波伏娃的理想之光。」

## 「哭有什麼用？豁出去就是惟一的出路。」

2013年，艾曉明的最後一名博士生答辯通過，她正式告別教職，離開了廣州熱鬧的女權和民主運動圈子，回到武漢家中，除了拍片很少出門。

「以前是團隊的感覺，現在是一個人的感覺，」但這不代表她會不問世事、獨善其身。

那年夏天，女權人士葉海燕不忿於當年海南萬寧的「校長帶小學生開房事件」，在該校門口舉牌「開房找我，放過小學生」，引發網友一人一照片效仿。但隨即葉海燕在廣西博白開設的性工作者權利機構遭不明人員搗毀，她的家被闖入，舉刀作勢自衛的葉海燕被警方拘留。

聽聞這件事，艾曉明感到激憤，她想要用一種強烈的方式表達她的抗議和對葉海燕的支持。她最終決定「用葉海燕的方式聲援葉海燕」：裸露乳房，手持大鐵剪刀，在胸前寫著「開房找我，放過葉海燕」，拍照，上傳網絡。

為她拍下這張照片的是知名的人權捍衛者曾金燕，從事女性主義研究的曾金燕當時正在撰寫有關艾曉明的社會行動的博士論文，在艾曉明家中與她一起生活工作是田野調查的一部分。曾金燕後來專門在一篇論文中探討了艾曉明的這次行動：「身為一名退休教授，她平時把大量時間都花在照顧年老父親上，根本不具備足以對當局構成威脅的強大社會、組織資源或財力。儘管如此，艾曉明還是不時受到來自當局的軟禁及其它行動、言論限制……在這種情況下，她的身體就首當其衝地成為她的社交介質。在網絡空間，她創立了一個顛覆自我的新形像。」

這張刺激的照片在網上引起了軒然大波，相比於推特上一面倒的讚許，牆內平台上則眾說紛紜，有人說她想炒作，有人說她下垂的乳房難看，有人說一個女教授應該端莊而不是裸露。

艾曉明在幾天後做出了自己的正式回應：「在這一刻，我的身體，什麼暴露不得的乳房啊，隱私啊，在如此巨大的惡勢力以及如此普遍的悲劇面前，根本無足輕重。」她說，「當人們說，看到這張照片，我流淚了；我希望他們的眼淚是為那些被侮辱和損害的孩子們流的，是為那打落牙齒和血吞的家長們流的；唯獨不是為我流的。哭有什麼用？像葉海燕一樣豁出去！這就是惟一的出路。」

被釋放後的葉海燕看到照片感動不已：「我一直對艾老師就是自己人的感覺。」艾曉明自己說起這件事卻輕描淡寫：「看的人可能覺得是件很大的事似的，對於做的人就是幾分鐘的事。」

2014年「3.7女權五姐妹案」期間，已經較少公開發聲的艾曉明，不僅撰文聲援，對各種採訪也來者不拒。當有居於國外的資深女權學者號召「老女權」們一起去「投案自首」，艾曉明是第一個響應者，「集體投案」的計劃雖然後因鮮有其他學者加入而作罷，但艾曉明還是打算若「五姐妹」被正式逮捕，她就自己到北京「投案」。所幸「女權五姐妹」刑拘期滿未被批准逮捕。

「出來之後看到艾老師的聲援文章，每看一次我都會有眼淚濕濕的感覺，」「五姐妹」之一的鄭楚然說，「我是一個行動者，艾老師也是一個行動者，她的說的話和她做的事經常給我們提醒和榜樣。」

「艾老師最難能可貴的一點是她比絕大多數體制內自由派學者都走得更遠更徹底，」異議知識分子野渡說。但艾曉明自己認為：別人看來可能是斷裂性多於連續性，我覺得自己是連續性多於斷裂性。學生黃海濤也說艾曉明給他的印象是「一以貫之」。

早年的「黑五類」經歷讓艾曉明對歧視和壓迫無法視而不見，

艾曉明在胸前寫著「開房找我，放過葉海燕」照片。（攝：陳焯煇／端傳媒）

昆德拉的文字最早幫她固定了對極權的反感，女權主義為她提供了思考弱勢議題的理論框架，並促發她的行動基因，紀錄片則最終給了她承載這一切的容器，加上時代偶爾推波助瀾……一步一步，順理成章，她走到了這麼遠。

## 夾邊溝是一個正在發生的、有關運動和抗爭的故事

「在我的祖國／只有你還沒有讀過我的詩／只有你未曾愛過我／當你知道我葬身何處／請選擇最美麗的春天／走最光明的道路／來向我認錯……」

2014年清明節的後一天，在經歷了重重阻截之後，艾曉明終於第一次到達了夾邊溝林場門口，還是被兩排穿著迷彩服臨時站崗的

艾曉明第二次嘗試進入夾邊溝，在林場大門口時發現設了崗，這一幕也成了紀錄片的序幕。（《夾邊溝祭事》視頻截圖）

人給攔住了。她對著這些面無表情、正視前方的年輕人，以及直直地向前延伸她卻無法踏足的乾燥土路，在這場無法完成的祭奠中，朗誦了俞心樵的這首〈墓誌銘〉。

剪片子的時候，她猶豫了一下，沒有把自己唸詩這段剪進去。「一部紀錄片能做的很少，」她說，隨著身邊的運動者一個個被打壓，也隨著她自身的邊緣化，越到後來，她就越傾向於把自己放在鏡頭之外，留給觀眾更多認知和思考的空間。

但她強調夾邊溝的故事並不是「闔上了的歷史」，與她過去的紀錄片一脈相承，它是一個正在發生的、有關運動和抗爭的故事，右派老人們在種種壓力和破壞之下要拾骨、建碑、講述，「是對記憶的守護、是記憶和反記憶的鬥爭」。

《夾邊溝祭事》是這場運動的一部分，它與右派老人們合作發出拷問：我們要怎麼理解那個時代，我們要怎麼面對那個時代？「實際上是關於中國的極權災難、極權制度之下的群體滅絕的一個縮影。我們今天怎麼看、要不要知道這個事情？這是一個必須回答的問題，否則，就沒有是非，所有其他是談不上的，」艾曉明說，「那麼那個時代完全有可能重來，而且已經在重來，或者說，那個時代從來都沒有結束。」

艾曉明知道這個議題的份量，她經常想到被抄家，連做夢都是抄家、艱難收集的素材都被抄走了，「我要把它做完，做完了放到安全的地方，」她說自己現在最大的顧慮就是老人家，其他的沒什麼，「我們就活這幾十年，要是老想著他們在後面盯著，就白活了。」

「困獸猶鬥」，艾曉明反覆用這個詞形容現在的自己：「就是被圍困的野獸依然還在戰鬥狀態。我覺得自己也被年齡體力圍困，也被政治壓力圍困，也被家庭的義務圍困。」

「但真正吸引我的是人，是人們的生活和故事。這些對我來說，都是未知的世界。我非常感恩人們對我敞開了他們的痛苦和追憶，使得我的生活和他們的生活有一種交匯，也讓我們理想的事物在某種人生狀態中相融，」艾曉明說著她「猶鬥」的動力：

「就像義大利作家卡爾維諾說的，我們無法講和地獄鬥爭，我們已經在地獄裡了，現在唯一能做的是分清楚哪些東西屬於地獄，哪些東西不屬於，儘量讓那些不屬於的東西存活下來。我覺得我們現在就是這個狀態，我們儘量分辨。比如在這個紀錄片裡，就有一些東西不屬於地獄：堅持這種記憶、堅持這些犧牲是無辜的、這些苦難是不應該的。這種微弱的堅持，就是不屬於地獄的東西，那如果一個新的社會要長成，必須是讓這種微弱的堅持倖存下來。」

# 江湖已逝，俠客轉行

吳婧

前調查記者羅昌平、鄧飛、龍志和歐陽洪亮（左至右）。
（攝影：Nicola Longobardi／端傳媒）

他們約在北京朝外大街一家叫「湘味兒」的餐廳見面。這是一家裝修略簡陋的湘菜館，小二樓，牆上掛著粉色和紫色的花卉畫。

聚會共有四個人：一個在中德合作的網站任CEO；一個是擁有508萬微博粉絲的公益人；第三個在中國五大互聯網公司之一做新媒體中心總監；還有一個在剛上線的新媒體任執行總裁。他們都來自湖南、生於1980年前後，並曾是這片大陸上名聲雀躍的調查記者。因為經常「扒」家鄉湖南的「糞」，攪得湖南官場雞飛狗跳，四人一度被冠以「湖南四害」的稱號。他們是羅昌平、鄧飛、龍志和歐陽洪亮。

在紙媒無限風光的二十世紀末到二十一世紀初，四人憑藉天賦和努力從不知名的湖南鄉鎮來到北京、廣州，在發行量過百萬的報章上紀錄下社會變革中的輕狂、無序、殘忍及貪婪。

他們是那個時代調查記者的縮影，熱情、勇敢、吃苦耐勞，可以整夜整夜地聊選題、談報導，也會為了採訪進到深山中迷了路，或跑去省紀委書記的辦公室裡質問對方「是不是在包庇」。他們是這片大陸有史以來最接近「無冕之王」稱號的記者群體，揭露礦難、調查貪腐、報導黑監獄，寫過撼動時代的報導，亦嘗過一呼百應的滋味。

而在時代的起伏蜿蜒裡，四人都先後變換軌道，或徹底離開，或去往新媒體開拓疆域。曾經的聲名變成新航道的墊腳石，「湖南四害」的稱號隨著紙媒時代的分崩離析消散於江湖。

2015年7月27日晚，已過而立之年的四人圍坐在一張小桌前吃他們最愛的乾鍋魚。酒精爐在鐵鍋下燃著藍色的火焰，乾鍋魚發出滋滋的聲響，浮起淡淡的白色熱氣。

這是一個在他們生命中重覆出現的場景，只是江湖已逝，俠客們都轉行了。

## 出湖

「我們湖南有些話，把出去叫出湖，就是出洞庭湖，慢慢地出湖就演化為出息，我們祖輩說你這個人有沒有出湖，就是你這個人有沒有出息。」歐陽洪亮說，能走出洞庭湖的人，就是有出息的人。

歐陽洪亮身材瘦削，濃眉、高鼻樑、尖下巴，衣著頗時髦，騎拉風的摩托車。羅昌平說，洪亮在學校裡很受女孩子歡迎。

1979年，歐陽洪亮生於湖南婁底的一個小鄉村。他父親是一名石匠，時常主持村裡的紅白喜事。村民們遇到糾紛，「找村幹部沒什麼用的」，常常會去找歐陽洪亮的父親解決，「他把事情很公平地調和好。」這種樸素的公平正義是歐陽洪亮心裡的一根標尺。

他對「大官」的印象來自「老鄉」曾國藩，這位晚清四大名臣之一曾建立起足以摧毀太平天國的「湘軍」。歐陽洪亮記得，從老家婁底到南岳要路過曾國藩的老家，「很遠就能看到那個房子，車子開了很久了還能看到那個房子。」

「湖南人關心政治，可能跟毛澤東、曾國藩有點關係。」羅昌平練達，健談。他個頭不高，膚色較深，圓眼方臉，「很多人認為當官是人生最大的成就，然後就是商人。記者是僅次於官員，最接近權力中心的，同時又能作為一個觀察者。」

這種說法在現實中得到了印證。據中山大學傳播與設計學院院長張志安在2014年發表的〈調查記者的職業忠誠度及影響因素〉，整個中國大陸湖南籍的調查記者最多，約佔總人數的14%。

1996年，18歲的鄧飛在填報志願時廢棄了原本想讀的貿易專業，轉而學習新聞。因為爸爸的一個朋友說：「做記者有尊嚴，是個好職業。」

歐陽洪亮至今還記得第一眼看到鄧飛的樣子，「眉毛很濃，目光很敏銳。他盯著我看了幾秒，然後才開始說話。這是他的習慣。」鄧飛待人接物都顯得很鬆弛，一副盡在把握的架勢，和羅昌平一樣，他對時代有著極其敏銳的嗅覺。

上世紀九十年代初期，中國媒體步入市場化進程，原本靠政府養活的各類黨報紛紛被趕去市場裡賺錢，與此同時，商業性報紙在各大城市迅速興起，一邊爭奪話語權，一邊搶食廣告市場。1991年，發行量僅13.8萬份的《深圳特區報》以3000萬元人民幣的廣告收入打敗了發行量172萬份的全國性報紙《工人日報》，後者的廣告收入僅有1000萬。

市場的巨大潛力催生了更多的報紙。1993年底，中國的報紙總數從1991年的1500多家上升至1993年的2039家。同年，創刊於1984年的《南方週末》發行量突破100萬。

1996年，鄧飛入讀湖南大學新聞系時，《南方週末》完成了第二次擴版——從對開8版擴大為對開16版。

隸屬於廣東省委機關的南方報業傳媒集團是中國報紙走向市場化的先驅，其旗下的《南方週末》、《南方都市報》、《21世紀經濟報導》等報紙曾以高度市場化、敢言和優秀的寫作領跑這片大陸的報業。

2002年，美國《紐約時報》將《南方週末》稱為「中國最具影響力的自由主義報紙」。當時中國共有2137種報紙，總印數超過367億份。報紙成為僅次於電視台的最賺錢的媒體，廣告經營額達188億元。僅一年後，這個數據突破200億。彼時網絡媒體的廣告營業額約為10億。

繁榮的市場亦催生出龐大的人力需求。2002年，湖南工業大學包裝設計專業大二學生龍志進入湖南省株洲市委機關報《株洲日報》，破格轉正。他記得那兩年株洲報社大規模地招聘剛畢業的大學生。

龍志生得壯實，戴眼鏡，長年頂一個棒球帽。他低調沉默，聲音沙啞，像是從一口甕中傳出來的。「他不會太多地跟人去打交道，他也不喜歡。」鄧飛說，「但是他內心裡面特別秀。」

2002年，24歲的鄧飛已是湖南《今日女報》的首席記者，並在《南方週末》發表了三篇調查報導。「那個時候《南方週末》名聲很大。」鄧飛說，《南方週末》的編輯會從各個省挑最好的記者過去，「當時我的夢想就是去《南方週末》。」

出湖——在年輕記者鄧飛看來，是證明實力的一種方式。他出生於湖南沅江市的一個小鄉鎮，幼時被寄養在農村的爺爺家。80年代的中國鄉村，鄧飛能讀到的書只有武俠小說和故事會，那些故事在他心中種下了行俠仗義的情懷，他嚮往更大的江湖。

彼時20歲的羅昌平在湖南省電力廳一家專業電力雜誌工作。中專讀水利水電工程的羅昌平最初想做一名報紙副刊的主編，寫寫「文藝中老年的散文詩歌」，直到他發現做新聞「不光帶來迷戀文字的快樂，還有很大的影響力」。2001年，羅昌平辭去工作，去北京的《中國商報》做記者。他成為「湖南四害」中第一個「出湖」的人。

2003年，鄧飛沒有加入自己一直嚮往的《南方週末》而選擇了當時尚無名氣的香港《鳳凰週刊》，他相信這本香港血統的雜誌將給他提供更廣闊的發展空間。他的判斷在日後得到了印證。

2003年，發生了一件令龍志印象深刻的事。《南方都市報》發表〈被收容者孫志剛之死〉，報導在廣州工作的湖北青年孫志剛因沒有暫住證，被警察送到收容站，遭毆打致死。這是中國調查報導黃金時代的開山之作，它讓21歲的龍志熱血沸騰。

「這個事情太大了，全國開始關停收容站，改成救助站。」看完這篇報導，龍志跑去株洲的收容站，他看到工作人員正在粉刷牆上的血跡，收容站的牌子也拿下來了，「我覺得這才是調查報導。」

2005年，23歲的龍志發表〈張衡生之死〉。精神病人張衡生在國道邊被撞斷腿，當地居民多次報案求助，無人受理，張衡生最終在飢寒交迫中死去。

報導發表後引起了全國熱議。龍志接到了鄧飛的電話，鄧飛說：「我跟你的軌跡是一樣的，你必須離開湖南。」

龍志並不是沒有想過出湖。彼時他在湖南省發行量最大的《瀟湘晨報》特稿部做記者，卻漸漸感覺到平台的狹小。「做調查報導是有癮的，走上這條不歸路，你就做不了其他稿。」龍志說，「剛開始你監督的是一個小部門，後來你監督越來越高的部門，這個時候報社的抗壓性就沒那麼好。」

歷經數次稿子在印發前被撤換的沮喪後，2005年，龍志收拾行囊南下廣州，加入《南方都市報》深度報導組。

同一年，龍志在《瀟湘晨報》的同事歐陽洪亮接到羅昌平從北京打來的電話，彼時，23歲的羅昌平在《新京報》深度報導部做主編，他邀請歐陽洪亮來《新京報》做記者。

至此，「湖南四害」全員出湖。

多年以後，鄧飛對羅昌平說：「我們這幫人都是被湖南淘汰的。不是因為我們不夠優秀，而是因為那個平台已經承載不了我們這樣的人。」

羅昌平對此感觸頗深：「我們四人一樣的出身、一樣在省城奮鬥，很快就頂到天花板。然後我們迅速做了選擇，去了一個更大的平台，剛好也趕上一個大的風口。」

他們即將乘著那個風口大展拳腳。

## 風生水起

當鄧飛2003年加入《鳳凰週刊》時，這本隸屬於鳳凰衛視的雜誌剛創刊三年，在國內的知名度尚未完全打開。「但她擁有制度文明，我會得到更多的自由空間。」鄧飛說。後來，《鳳凰週刊》的平台成為他統領調查記者江湖的原動力。

2005年，中共中央辦公廳和中宣部分別下發文件，封殺「異地監督」和「跨行業監督」。身為境外媒體的鄧飛因為沒有採訪權限，遇到重重阻力。他於是組建了QQ群「小刀」，將全國各地的調查記者吸納進來。每到一個地方，都會有當地記者幫助他掩飾身份、提供線索。

容量為200人的小刀群很快滿員，鄧飛另開了「藍衣」群，不久就達到500人的上限。

在各地報社茁壯發展的背景下，調查報導作為提高美譽度的新聞產品得到了一致重視。每當有突發事件或重大新聞發生時，一個人在群裡吼一聲，全國各地的記者便會迅速集結在事發地，完成線上到線下的無縫對接。

「大家都很有幹勁。」龍志回憶道。藍衣群讓他感到調查記者群體蘊含的巨大能量，「消息對接、要誰的電話，都能在群裡找到。」

「（我們）大塊吃肉、大碗喝酒。」歐陽洪亮回憶道，「就像一群江湖武士到處遊蕩，經常在同一個題材碰到一起。」

任職《鳳凰週刊》的鄧飛感受到了身份的優越性。當內地報社遭遇禁令或迫於壓力不敢曝光一些新聞時，藍衣群裡的記者就會把新聞線索、採訪內容交給鄧飛。「結果我就迅速收穫紅利，這是我的第一桶金。」

「鄧飛就是一個抽水泵。」龍志說，「我把朋友介紹給他，下一秒這個人就變成鄧飛的資源，跟鄧飛去合作了。」

他常常會在北京的一個小四合院裡組織藍衣群記者的聚會，一個飯局就有60多個人參加。這些人在日後成為鄧飛事業版圖的人脈基石。

在這一時期，湖南四害分別做了大量針對湖南的調查報導。以2006至2007年為例，羅昌平和龍志對「郴州官場地震」（2006年，湖南郴州原市委書記李大倫被查，引起多米諾效應，波及當地上百位涉及貪腐的官商）進行了持續報導；歐陽洪亮發表〈湘中第一黑幫〉，還原湖南新化縣黑幫老大劉俊勇從販毒、組織賣淫到開設賭場的地下經濟脈絡；鄧飛的〈湘西州長的北京一夜〉則揭露了湖南湘西州州長杜崇煙涉嫌性醜聞。

「好的題材基本上我們這幫人就消化掉了。如果時間對不上或我們對這個題材不感興趣，藍衣群也會把它消化掉。」羅昌平回憶道，「所以湖南不會有被捂下來的新聞，一定有通道把它給報出來。」

「湖南四害」的稱號逐漸在江湖上興起。2007年，鄧飛第一次聽到這個稱號，「應該是宣傳部的人去告狀，說我們湖南有四個害蟲，不停寫自己家鄉。」

這是一個並不緊密的四人組合。「相互成就，相互借助。」鄧飛如此概括。他們有時會三三兩兩聚在一起吃飯、打麻將，也會喝酒、聊聊情傷。更多時候，他們穿行在這片大陸的曲徑深幽處，揭貪腐、曝黑幕，憑藉一篇篇紮實的調查報導，在遠離家鄉的大城市收穫了社會和經濟地位。

2007年，羅昌平和歐陽洪亮相繼入職《財經》。《財經》被《金融時報》譽為「中國最受尊崇的財經刊物」，發行量一度超過30萬。羅昌平在《財經》操作了一系列重磅調查報導，包括上海社保案、藥監局腐敗案以及甕安群體性事件。

「骨子裡頭喜歡做這個。」羅昌平說。他特別認同一個朋友對他的評價，「每次發一個很敏感的報導，就是丟了一個石頭在池塘裡頭，然後坐在邊上看熱鬧。」

這些丟進池塘裡的「石頭」為羅昌平奠定了業界地位，並帶來寬鬆的經濟環境。「家裡小時候窮，所以我工作勤奮，收入還算可以。」羅昌平如今在北京有兩套房，一套在二環邊上，一套在城市北邊，有個60多平方米的院子。

「好多方面我是趕上了一個比較好的時機。」羅昌平說。2009年，年僅29歲的他升任《財經》副主編。

「昌平屬於政治敏感性很強的人，他會有很多沉默的事情在心裡。」龍志說，「我們四個人當中，你最不知道他心裡想什麼的就是昌平。」鄧飛的評價則更加簡潔：「昌平專注，他快。」

和其他三位相比，歐陽洪亮的職業生涯稍顯滯後。「洪亮比較大大咧咧，可以浪費可以留白。」鄧飛說。

2009年，歐陽洪亮迎來記者生涯的高峰。他發表封面報導〈器官何來〉和〈央視大火「燒出」工程腐敗，審計署介入〉，名聲大噪。前者揭露貴州省興義市「殺人盜器官」案，後者直指央視高層瀆職和腐敗。

2010年，大陸南端的廣州，龍志在《南方都市報》發表〈北京截訪「黑監獄」安元鼎調查〉，揭露一家叫「安元鼎」的保安公司在北京設立「黑監獄」，關押上訪者。

彼時龍志已是《南方都市報》最知名的記者之一，拿了三、四座《南方都市報》年度大獎。「同行、內部記者對你的尊敬，那時候你能實實在在地感覺到。」

「龍志是一個韜光養晦的人。他比較低調，但他是一個做事情的人。」歐陽洪亮說。

龍志享受到紙媒為數不多的好時光。2010年8月，世界報業與新聞工作者協會發布〈2010年世界日報發行量前100名排行榜〉，《南方都市報》以140萬份的發行量入駐榜單第30位。2009至2010年度廣告收入超過10億元。

龍志記得，他當時打算花一年時間調查安元鼎，他在北京雙井租了公寓，「沒考慮成本，什麼都報銷。」

2010年，享譽大江南北的《南方都市報》和它的同行們遭遇到一個強大的對手——微博，它們至今未找到反擊的方法。

## 微博來了

2009年，新浪推出微博內測版。「微博」迅速問鼎當年流行詞，並在第二年以驚人的速度聚攏了超過一億的註冊用戶。

各大傳統門戶網站騰訊、網易、搜狐紛紛加入戰局。據中國互聯網信息中心統計，2011年上半年，中國微博用戶數量增至1.95億。猝不及防的傳統媒體發現，野心勃勃的社交媒體徹底改變了整個傳媒行業的生態。

沒有人再守著報紙等待「大新聞」了，微博已成為熱點事件曝光的主要平台和輿論源頭。據人民網輿情監測室統計，2011年通過網絡曝光的熱點事件接近三分之二，重大突發事件在事發當天發酵的超過半數。

關於微博的實力，網上流傳著這樣一段話：當你的粉絲超過100，你就好像是一本內刊；超過1000，你就是布告欄；超過1萬，你就像一本雜誌；超過10萬，你就是一份都市報；超過100萬，你就是一份全國性報紙；超過1000萬，你就是電視台。

鄧飛在一次事件中見識到了微博的實力。

2010年9月10日，江西省撫州市宜黃縣發生一起因拆遷引發的自焚事件，房主鍾家三人被燒成重傷，其中一人搶救無效死亡。事後，宜黃縣領導帶數十人在機場攔截打算上訪鍾家兩姐妹，兩人躲進機場廁所向記者求救。

鄧飛在微博上直播姐妹倆向記者求救的全過程，引發全民轉發和討論，最終導致宜黃縣縣委書記、縣長等一干官員落馬。這是新浪微博史上第一起公共事件，被稱為「宜黃事件」。

「宜黃事件」顛覆了鄧飛的世界觀。「調查記者是發現和分析問題，試圖找到解決方案。至於解決問題，我們沒有能力去做。」鄧飛說，「但有了微博、微信之後，我們就有了資源，有了人有了錢，我就具備了解決問題的能力。」

在鄧飛看來，單單做一名調查記者，已經遠遠不夠了。與此同時，他的朋友也對職業生涯心生猶疑。2005年，龍志在《南方都市報》拿到第一篇稿費8000多元，那是他在《瀟湘晨報》兩個月的工資、《株洲晚報》四個月的工資。

「太好了。我在這個地方會幹到退休的。」龍志當時想。他從來沒有想過，自己會對調查報導失去興趣，「我覺得一直在重複。一夜之間不想做了，覺得沒意思。」

這種重複感來源於現實的無數次循環。礦難、貪腐、群體事件……調查記者在這些頻繁發生的事件中發現了驚人的相似之處。這些不斷重複的事件以刺眼的姿態提醒調查記者，他們的報導並未能改變這個世界。

「有時候想想你做的東西到底有多大的作用？你覺得現在能改變嗎？」羅昌平說。

2011年，《南方都市報》深度報導部主任陸暉、喻晨相繼離職，龍志接任深度部副主任。「那時候環境已經蠻差了，還沒去，禁令來了。到現場，禁令來了，裡面有記者的名字，要求記者撤出。」

除了政治環境的變化，傳播環境也在急速惡化。

2012年，當王立軍事件（2012年2月6日，時任重慶市公安局局長的王立軍私自前往美國駐成都總領事館滯留，這件事為薄熙來受賄貪污案埋下了導火索）在微博上急速發酵、傳播後，羅昌平意識到，「傳統媒體已經無關緊要了，微博微信完全可以解決這個問題。」他說，「中國的真正高層人物跟老百姓同時看到一個大事情。」

龍志也感覺到了作為紙媒的滯後。微博的高速傳播扼殺了絕大多數獨家、猛料，「你派出記者寫的東西，和網上的沒多大區別。」

2011年，龍志入選財經獎學金班，在北京大學脫產三個月讀書，班裡有很多調查記者，包括王雷——他曾寫出令青年龍志欽羨不已的〈被收容者孫志剛之死〉，開啟了中國調查報導的黃金時代。龍志發現，好多同學在這三個月裡另謀下家，時任《雲南信息報》副總編的王雷就在此時敲定跳槽至騰訊，任微博運營中心總監。

「我以前覺得去網站都是很low的人。網站就是把我們的文章複製粘貼，起個聳人聽聞的標題。」龍志說。這個想法在他入行的第十個年頭發生了變化，「互聯網對我們衝擊蠻大，就想看看互聯網到底有多大力量。」

2012年，龍志跳槽到網易做原創內容總監。

那一年12月，存活了近80年的美國《新聞週刊》發行了最後一期雜誌。2014年，中國報紙總體銷售量下滑三成，超過30家紙媒停刊或破產。

「每一個行業都呈現出衰敗的氣象，但媒體人是唱得最多的。媒體人唱衰媒體是一個主流的聲音，導致行業內瀰漫著過度悲觀的狀態。」羅昌平說。

據張志安2011年發布的〈中國調查記者行業生態調查〉，四成的調查記者打算轉行，三成不確定，只有13%的人願意繼續從事調查報導工作。

「做新聞一個是記錄歷史，一個是影響現在。」羅昌平說。

當這兩樣東西都不復存在時，一些人在其他領域找到了久違的存在感和影響力。

2011年3月，鄧飛在微博上發起「免費午餐」活動，倡議每天捐3元為貧困地區學童提供免費午餐。藍衣群建立的人脈在此時大顯身手，「免費午餐」項目得到眾多擁有職業口碑的調查記者的轉發、宣傳，迅速在互聯網上建立起美譽度。

據免費午餐官方數據，截止2011年9月，該項目在5個多月募集到1690餘萬元，為77所學校的一萬多個孩子提供了免費午餐。

「它（解決問題）本來不是我的工作，微博微信給了我這個橋，我就跳過去了，沒有一點糾結。」鄧飛說，「我每次跳起來後發現，很多人跟著我跳起來了，我就順勢而為了。」

順著這個「勢」，鄧飛走得飛快。在「免費午餐」之後，他又創辦了「微博打拐」、「e農計劃」等13個公益項目。轉型之後的鄧飛收穫了比此前做調查報導更多的關注，亦躋身名人圈。在微博上和商界大佬開玩笑，曬出明星們參加他公益項目的合影，並頻頻出現在各類活動、講座上，宣傳自己的項目。「潮流推著你往前

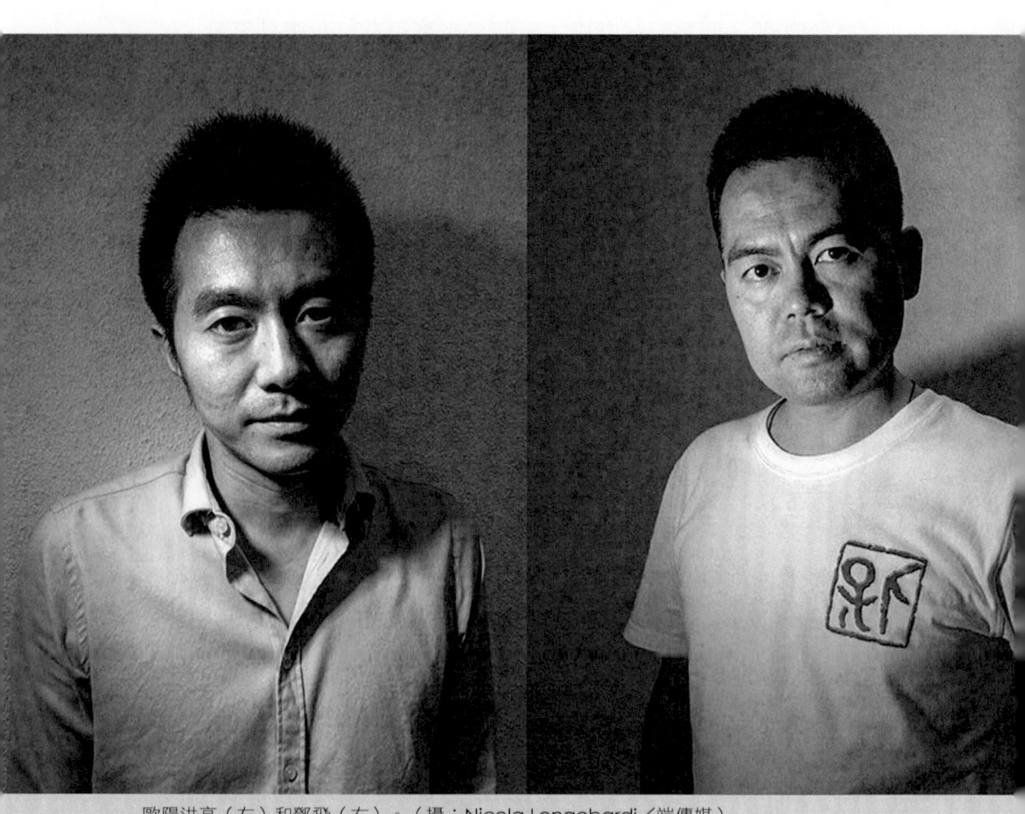

歐陽洪亮（左）和鄧飛（右）。（攝：Nicola Longobardi／端傳媒）

羅昌平（左）與龍志（右）。（攝：Nicola Longobardi／端傳媒）

走。」鄧飛說。

「鄧飛就是那種大哥型的。」歐陽洪亮說。四人聚在一起時，「鄧飛是絕對的中心，」羅昌平說，鄧飛每去一個地方，人還沒到，聚會的攤子就已經攢起來了。

鄧飛並非唯一一個轉型做公益的調查記者。2011年，曾揭露山西疫苗致傷、致死兒童的王克勤創辦「大愛清塵」基金會，救助患塵肺病的農民工；曾曝光山西官煤勾結、瞞報山體滑坡死亡人數的孫春龍創辦「深圳龍越慈善基金會」，為參加抗日戰爭的老兵提供物質援助和精神撫慰。

「記者玩微博帶來了角色方面的一個變化，它是一個強有力的干預，就是想影響現在。它有巨大的誘惑力，很多人都希望去做這麼一件事。」羅昌平說。

2012年，「湖南四害」分別邁入了不同的人生階段。鄧飛徹底轉型為一名公益人，龍志在網易做原創內容總監，歐陽洪亮仍在《財經》做一線記者，而他們三人的朋友羅昌平做了一件誰也想不到的事情。

2012年12月6日，《財經》雜誌副主編羅昌平用兩個小時寫了三條微博：實名舉報時任國家發改委副主任、國家能源局局長的劉鐵男涉嫌偽造學歷、勾結商人等。

像是投入水中的泡騰片，這件事在線上線下、圈裡圈外翻騰起無數驚詫、喝彩和質疑。

## 各自轉型　各自精彩

當羅昌平在微博上實名舉報劉鐵男之後，他接到另外三位打來的電話。歐陽洪亮表達了對羅昌平處境的擔憂，龍志鼓勵羅昌平將舉報的心路歷程在網易上發表，鄧飛則說：「我認識的昌平不會那麼不計代價，他肯定能打贏，劉鐵男死定了。」

儘管一些聲音認為，羅昌平不該以新聞人的身份進行舉報，記者的本職工作是用調查報導來影響社會，並非自己成為新聞的主角，但它卻是新聞人羅昌平名聲登頂的瞬間。

「在舉報之前，我的名氣在業界。舉報之後在整個社會層面。當時有人開玩笑說，全球大概有五個億知道你的名字。」羅昌平說。

2013年5月，劉鐵男被立案調查。同年底，羅昌平離職《財經》。

羅昌平是有百分之兩百的把握擊倒劉鐵男的。在舉報之前，他想過自己「會收穫到名」，但這份名聲卻抹殺掉了他作為調查記者的一部份，後來人們提到羅昌平時，鮮少介紹他曾做過的重磅報導，「曾實名舉報劉鐵男」——變成羅昌平身上最醒目的符號，「你原來做的好多事情都不那麼重要了。」

2014年11月8日，羅昌平在職業生涯的第十五個記者節當天宣布作別記者身份，出任優恪網CEO。

「我真沒太多選擇了。」羅昌平說，「從道義上大家都認可你，但要跟你成為商業夥伴很多人是忌諱的。他認為你是個高度政治化的人。」

不過，優恪網並非一個委曲求全的選擇。這家同德國合作的網站發布食品、母嬰、電子等共六大領域的消費品質檢報告，完美貼合了羅昌平正直、公義的形象。據羅昌平的一個朋友說，「待遇應該不菲」。

新聞人離職創業，早已不是什麼新鮮事。羅昌平在轉型做CEO之前兩年，就入讀了中歐國際商學院EMBA，他隨後介紹了課程給鄧飛和龍志，他們也先後入讀。用羅昌平的話說，「媒體人讀商學院的不多，但轉型需要開拓眼界。」

2014年，一篇名為〈那些年離職創業的主編們〉的文章在媒體圈內流傳。原《鳳凰週刊》的主編黃章晉離職創辦了自媒體「大象公會」；《南方週末》頭版編輯創辦了投資者的社交網絡「雪球」；《21世紀經濟報導》新聞總監左志堅創辦閱讀社交平台「拇指閱讀」……無論是離開還是留下，這一代新聞人都不得不面臨轉型。

2012年，調查記者龍志轉去網易做原創內容總監時，他對網絡新聞的理解就是「複製粘貼」。入職的第一個月，龍志在辦公室裡一句話也沒說。「不懂，就聽，一言不發。」

他很快摸到了門道，並體驗到傳統紙媒所沒有的便捷。「寫的東西可以發出來，而且更有成就感，寫了之後馬上有反饋，而且形式更多元、更酷。」龍志說。

「你看他不做聲，他其實對新的技術非常敏銳。」鄧飛這樣評價龍志。

2014年3月8日凌晨，馬來西亞航空公司由吉隆坡飛往北京的MH370號飛機失蹤。龍志在第一天派記者到現場，搭建直播平台。「當天晚上我們記者到現場，早上就發了特稿回來，什麼都搶在前面。」龍志說，「我的老東家南都還在報導發生事故時，我們已經進到下一個階段了。」

網易對馬來西亞民航局的新聞發布會進行了直播。「同時有六百萬人在線，服務器崩潰了七次。以前的老同事就在賓館刷我們的直播寫稿子。」龍志在互聯網找回了對新聞的熱情，那是一種「興奮感、現場感」。

與此同時，仍舊徘徊在一線的歐陽洪亮亦得到一個轉型的機會——出任無界傳媒的執行總裁。「就像你辛苦做了很多事情，有一個會收到一個回報、一個禮物。」龍志說。

「湖南四害」在湘味兒餐廳吃飯。（攝：Nicola Longobardi／端傳媒）

無界傳媒是由《財經》雜誌母公司財訊集團、新疆維吾爾自治區和阿里巴巴集團三方聯手創建的新媒體機構，首期投資上億。2015年9月16日，無界新聞客戶端正式上線。歐陽洪亮撰寫的發刊詞〈靶心在哪裡〉在微信朋友圈被刷屏。

「如今，參加最多的，是轉型媒體人的聚會。有的人年薪百萬，有的人創業了。除了歌樓酒肆把盞聚會時的慨歎，還有誰記得舊時豪情？」歐陽洪亮在發刊詞裡說，「無界面臨的，是媒體的轉型塌陷期，是一個巨大的坑，也是媒體發展的巨大機遇期。」

## 尾聲

2015年7月27日晚，調查新聞界曾經的「湖南四害」在湘味兒餐廳重聚，到三里屯為本篇報導拍照。

8點多，天空突然下起暴雨。為了尋找合適的拍攝地點，四人在濕漉漉的馬路上奔跑、穿過快速揮動雨刷的車流。沒有人打傘，也並不在乎浸濕了的鞋底和褲腳，他們像四個剛「出湖」的年輕人，湊在一起有一搭沒一搭地開玩笑。

拍攝結束後，他們互道再見。身後的繁華正在雨夜中用力釋放出流光溢彩，但他們看向前方模糊的光亮。

# 喧譁的時光過去了，三個深圳主義者的失散

江雁南、張潔平

在深圳轉眼居住二十年的「老亨」和「金心異」，笑談白己已經步入了「老年危機」。
（攝：Anthony Kwan／端傳媒）

「年輕的時候我們相信，深圳是撬動中國的支點。」說這話的時候，黃東和把頭別向一邊，沒有笑。他年近五十，身形已微微走樣，眼裡還有光。

他所說「年輕的時候」，是歌手艾敬唱著《我的1997》紅遍中國大江南北的時候：「香港／香港／怎麼那麼香……讓我去那花花世界吧／給我蓋上大紅章」；是年輕人還不想去北方當官、而要去南方闖蕩，向自由世界再近一點點的時候；是互聯網剛剛興起，還被翻譯作「因特網」，買伺服器建個BBS（電子布告欄系統，網絡論壇前身）就可以天地任我行的時候；也是深圳的黃金年代。

正是1997年，他初到深圳，以「老亨」的網名行走江湖，和另外兩個在BBS上不打不相識的朋友「金心異」、「我為伊狂」，成了好朋友。

他們三人分別來自湖南、河南和湖北的小城，都是「農民的兒子」，不靠任何關係來到深圳闖蕩，像關心自己一樣關心這座城市的命運。2000年初，他們在網絡上探討深圳問題、激揚文字、舉辦論壇、開智庫、出版民間城市藍皮書，一度成為深圳民間社會的代言人，被稱為「深圳三劍客」。

對這身份，他們有一個更嚴肅的定義：「堅定的深圳主義者」。

老亨說，希望「中國的問題可以用深圳的方法解決，而不是北京的方法」，深圳方法是什麼？「以市場為本，以人為本。」金心異說得更直接：「概括來說，當時希望深圳可以成為中國改革開放的先鋒，帶動中國完成社會經濟轉型，同時深圳自身成為一個偉大的城市。」

掀起最大輿論熱潮的是「我為伊狂」。2002年他在網絡發表萬字長文〈深圳，你被誰拋棄？〉，歷數其時「深圳模式」所面臨的種種危機：受香港經濟低谷影響，政策上被中央邊緣化，缺乏新發展動力，城市定位迷茫。文章引起民間熱議的同時，也引起地方政府的注意。2003年，時任深圳市市長的于幼軍約見了這位自稱對深圳「愛之深、責之切」的網友，聽取意見，一時傳為佳話。當時，他只是證券公司的一個普通白領，真名叫呙中校。

2003年之後，深圳，以及與它相鄰的香港，都經歷了種種變化。「深圳主義者」們的理想並沒有實現：深圳模式沒有成為中國模式的主流。三個人也走上了截然不同的人生道路。

老亨辭去了公務員的職務，主力經商。金心異從媒體人轉型成國企老總、政協委員。呙中校因為這篇網絡紅文，從證券公司進入傳媒行業，並到了言論自由的香港，卻遭遇了最意外的地雷：因為參與編輯在香港合法出版發行的政論雜誌，他被深圳法院判處非法經營罪成，入獄兩年零三個月……

2016年5月，在〈深圳，你被誰拋棄？〉發表十三年之後，老亨拾筆，仿照十多年前「我為伊狂」的口吻，寫下又一篇萬字長文〈深圳＋香港，失去想像力了嗎？〉。在文末，他寫道：「謹以此文獻給十年前意氣風發地赴港、一年前鎩羽而歸不得施展的那位老朋友！」

時過境遷，深圳人已經看不懂香港的時局漩渦，香港人也一如往昔地並不關心這個一心要向自己靠近的鄰居城市。在深圳討論向西，還是向東發展時，「深圳三劍客」堅定認為，向南，和香港結合在一起，才是深圳發展的應有方向。

## 南下深圳　三劍客相遇因特虎

「你看過賈平凹的《廢都》嗎？在最後一個場景，男主人公莊之蝶到火車站買了張去深圳的火車票，把過去的一切拋諸腦後。」金心異講到這個橋段的時候眼神發亮，男主人公不顧一切去深圳的樣子，也是他的寫照。

他真名叫張紅橋，1969年生人。二十四歲那年，他辭職離開老家河南周口的一份黨報，南下廣東。「我走的時候，總編叫我別走，他說十年後我的位置就是你的了。我回答他，這算什麼令人興奮的目標？」

像莊之蝶一樣，他帶著一副金絲邊眼鏡，來到深圳。這是中國的四個經濟特區之一，鄧小平1992年在這裡宣示要繼續「改革開放」，對從內陸城市遷徙而來的年輕移民來說，所有的感受匯成一句話：「深圳太自由了！」

1997年，金心異進入萬科公司旗下的《萬科週刊》工作，他記得深圳人「沿街歡送解放軍進香港」的歷史畫面，也沉浸過中國最大的民營房地產企業內部的開放氛圍。他也去過北京，但最終留在深圳，「北京是帝都，深宮大院，全都是皇民，我非常不喜歡那種非常保守的東西。」

他一邊輾轉幾份工作，一邊以深圳為樣本，持續研究經濟議題：觀察市場經濟制度、現代公司結構、金融創新如何套用在剛剛起步的深圳，並開始在網絡論壇上發文，與人熱絡討論。

當時，他常發表文章的網絡論壇叫「因特虎」，創辦人正是老亨，他最大的論戰對手，正是咼中校。

老亨比金心異年長兩歲，氣質沉穩。他從政治氣氛濃厚的環境中走來：1986年成為中國青年政治學院第一屆本科生。這家中國共青團中央直屬的院校是為了培養未來的執政人才設立的，第一任校長是時任中共中央總書記胡耀邦，一年後，胡耀邦政治生涯結束；三年後，不拘一格降人才的時代結束。

金心異，「我們像一葉扁舟，起起伏伏，也不知道會划去哪裡。」
（攝：Anthony Kwan／端傳媒）

老亨，「我們都不靠任何關係，靠自己的能力來到深圳。在那個年代，深圳有這樣的機會。」
（攝：Anthony Kwan／端傳媒）

「我畢業的時候想好了，要走一條去政治化的路。」不過當他畢業、工作、又讀碩士、碩士再畢業時，老亨還是選擇進入體制：1997年，他以公務員考試第一名的成績來到深圳，在福田區負責宣傳工作。「其實那個位置是為另一個人量身定做的，所有的錄取條件都符合那個人，但我考了第一。」老亨回憶往事時笑得開懷：「我們都不靠任何關係，靠自己的能力來到深圳。在那個年代，深圳有這樣的機會。」

初到深圳，和所有剛來的年輕人一樣，老亨迫切地想知道深圳的一切。自己做宣傳工作，有便利接觸各種文獻資料，但他不滿足於此，他想拓展更大的討論交流空間。

這是互聯網初露萌芽的年代。老亨在廈門租了個伺服器，花了兩萬元——這相當於他一整年的薪水，建起了自己的第一個BBS「因特虎」。這個名字來源於「Internet＋Yahoo」，「最火的兩個詞疊加在一起」，他說。作為版主的他使用英文名Henry，「老亨」的江湖名字也是由此而來。

因特虎2001年正式上線，收錄了五千多篇關於深圳的討論文章，也很快吸引了更多新加入的年輕知識分子。

這時，中國剛剛加入WTO（世界貿易組織），走向全面市場化發展道路。深圳不再是少數幾個有經濟特權的城市，用金心異的話說就是：「改革的歷史使命已經完成，現在全國都可以搞市場經濟了。」

失去了政策特權，深圳該往何處去的大討論，正是在這個背景下出爐。

積極樂觀論調的代表是金心異，他寫了〈深圳，你是離開還是到來？〉，認為深圳的發展並不完全靠特權政策，自由和開放的氛圍會令人才和資金繼續被吸引到這裡，深圳模式依然是中國的出路。

而悲觀論調的代表，則來自「我為伊狂」那篇著名的網絡紅文〈深圳，你被誰拋棄？〉。

1975年出生的呙中校1999年來到深圳。他從武漢大學企

呙中校。（中國政治犯關注網頁圖片）

業管理專業畢業，做過財經網站的編輯，但因為趕上互聯網泡沫，一年內換過四份工作。他身材瘦小，模樣樸實，說話有湖北口音，思辨起來非常縝密。

咼中校與金心異就這樣在BBS上不打不相識，並與擺起擂台的老亨，成了當時深圳的網絡紅人。2003年，在網友們的張羅下，三人在華強北的一家餐廳首次見面，並被喚作「深圳三劍客」。

## 網絡議政，直到2009年「公民社會」不許提

快意論戰之後，三人決定，合夥成立公司「因特虎」，在網絡論壇之外，開發線下論壇、出版、智庫，凝聚起民間奔湧的智慧。

2003年7月1日，香港爆發令北京震驚的五十萬人大遊行。7月底，國務院調研小組來到深圳考察，在香港變局的背景下，「當時最甚囂塵上的討論是，深圳會不會成為直轄市」，老金回憶道。國務院調研小組專門邀請了咼中校和金心異參與座談會，這也成了當年中國互聯網議政的典型事件。

在這些火熱的新聞頭條事件鼓吹下，因特虎會員不斷增加，老亨回憶，最高峰時達到一萬人，最火的板塊就是「深圳議會」和「第三隻眼看深圳」。他們做主題論壇，每月一次，往往能吸引不少媒體的

報導。老亨統計過，這些年間，《南方都市報》報導的關於因特虎內容總計有三百多篇報導。他們還搞足球隊、一起旅行、一起沐足……老亨笑著說：「好多人在這裡練就一副口才，每個人都口若懸河。」

一次因特虎論壇請來的講者是經濟學家丁力，他發表了不看好深圳發展的主題後，會後被因特虎的會友圍堵住，爭論了一個多小時。

在那個「公民社會」成為熱詞的時代，「深圳三劍客」接到來自四面八方的邀約討論，包括各級地方政府，駐深圳的各國領事館人員，以及各大傳媒機構。三人趁熱打鐵，將民間關於深圳問題的討論彙集成冊，編成民間藍皮書，每年出一本，來彌補官方社會科學院出版的城市報告的不足。

2004年，因特虎出版的第一本藍皮書《十字路口的深圳》，深圳政府直接訂購了三千本。2008年，時任廣東省省委書記汪洋舉辦網友見面會，「三劍客」作為深圳民間代表共同出席。因為因特虎營造的公民社會氛圍，中山大學教授郭巍青曾評價道，「深圳可能會在網絡時代繼續扮演排頭兵，在重構政府與社會、民眾的關係上發揮先鋒作用。」

藍皮書每年一冊，一直出到2009年的第五本，書名為《三十而立，深圳夢和公民社會》。從那一年開始，「公民社會」四個字，突然不許提了。

「就是這樣戛然而止，說不讓提，就不讓提啦。」金心異回憶。

因特虎也從這時開始，由盛轉衰。

## 三岔口：下海、從政、因文入獄

「得承認，因特虎一直討論的是時政，這很敏感。」回頭來看，老亨坦承即便在黃金年代，因特虎也面臨過不少困境。「他們兩個都不知道，其實因特虎早就被封了幾次。」作為創始人，老亨總是第一個接到要求刪除文章的「有關部門」電話。這也讓因特虎在商業上，無法大幅發展。

第一篇引起麻煩的文章是2002年，一個網友寫了篇文章批駁時任總理朱鎔基「重上海、輕深圳」的經濟導向。這篇涉及國家領導人的文章導致因特虎第一次被封站。

重新開放後，官方要求因特虎實行實名制。它也成了那個時代第一個採用實名制的BBS網站，「我們突然就變成了一個內部論壇了。」老亨苦笑著說，這一度讓因特虎的瀏覽量銳減。

為了減低因特虎的「敏感」特質，2004年，老亨提出「深商」的概念，試圖用商人為關鍵詞，替代公民，繼續討論深圳發展，但是「去敏感化」。

內部的分歧逐漸浮現，外部環境也迅速變化。因特虎在2008年之後終於走向衰弱，當年的深圳三劍客，也開始分道揚鑣。

2005年，老亨正式辭去了公務員的職位——到這時，大多數網友才知道他此前的真實身份——加入了深圳總商會，興趣也徹底轉向了商業。「我相信商業文明和運作，這實際上和公民社會是一脈相承的。因為商業文明的基石是法治社會。」深商組織逐漸發展壯大，目前商會有五千個會員。

與老亨相反，一直做財經媒體的金心異卻更多的參與進政治。

金心異覺得，民間的「叫嚷」並改變不了什麼，或許進體制內才能發揮用途。2005年，在時任深圳市副市長閆小培的推薦下，他加入了內地的八大民主黨派之一致公黨，該黨成員以歸僑、專家學者等為主。

他相信市場經濟的改革，必須伴隨著政治體制的改革，而那些年的政治氣氛也的確讓人懷揣希望。從致公黨開始，金心異越來越走向體制內。2007年，他成為深圳福田區政協委員，2010年成為深圳市政協委員。2009年，時任省委書記汪洋在廣東推行「社會建設」，以「小政府、大社會」為目標成立了三級社工委（社會工作委員會），金心異又被吸納為諮詢委員。2015年，他成為深圳市人大代表，每年至少兩個提案。

「三劍客」各自所著的深圳評論集。（攝：Anthony Kwan／端傳媒）

早年，金心異曾在一次因特虎的年會上暢想，希望自己五十歲生日時，也就是2019年，深圳能夠有市長競選的土壤。

他形容自己進入體制這些年，到處參加座談會，在各個城市調研，日思夜想社會改革的大問題，經歷的正是「一個從期望到失望的過程」。2012年，他到一個街道辦掛職，當時想解決一個小區出入口交通規劃的問題。「哪怕一個很小的事情，只要涉及到跨部門，就解決不了。你推我，我推你。」每年的人大、政協「兩會」提案，雖然媒體資源被吸引過來，「但猛炒一頓，炒完就炒完了，政府仍然不理。」至於那些體制改革的大問題，更是無人回答，沒有出路。「事後想來，其實改革早已死了……這個體制我已經看透了。」

如今的老金，充滿了幻滅感，還經常被提醒批評不要太尖銳。「我在微信上說『專制社會』，他們讓我替換成『全能政府』」。

三人中間，離體制最遠的是呂中校，甚至遠到了實行一國兩制的香港。

2004年，在一次論壇上，呂中校認識了香港《亞洲週刊》總編邱立本，並在通過優才計劃進入香港，成為《亞洲週刊》全職編輯。

「那之後呂中校關心的就不再是深圳了，他關心全國，關心世界的事務了。」老亨說。進入媒體後，呂中校撰寫的文章也不再侷限於經濟報導，他也關心中國的政治體制改革，關心包括重慶模式、緬甸民主、廣東省汪洋新政等等話題。

在香港的時間越長，呂中校越感到中國深層次問題的難解與政治改革之挑戰，他每週往返香港與深圳，整整九年，在言論自由之地獲得了居留權和護照，也在深圳家中，喜獲一對龍鳳胎。

於是，他辭去《亞洲週刊》的全職工作，回到深圳家中，一邊為香港的兩家政論雜誌《新維月刊》和《臉譜》做文字編輯，一邊做奶爸。

朋友們都沒想到，他就這樣捲進了正悄悄浮現的漩渦。

2014年5月，他被警方從深圳家中帶走。整整十七個月後，深圳南山區人民法院開庭審理，檢察院以涉嫌「非法經營罪」提起公訴，案情並不複雜，涉案雜誌在香港是合法出版物，而檢方提出的核心犯罪事實是，呂所在的雜誌社向八位內地讀者寄送雜誌，但

2016年7月26日法庭宣判呙中校有期徒刑兩年零三個月時，判決書上卻未列出起訴書所提的涉案金額。

「這個案子我無法理解，」一向說話慢條斯理的老亨講起這件事，激動起來。呙中校的老朋友老亨與金心異旁聽了這次庭審。在他們眼裡，呙中校心地純良，做事謹慎。

呙中校被羈押的日子裡，家人從未成功地見到他。對朋友來說，探視更是難上加難。老亨和金心異想給他送點書，於是想了個辦法：給看守所的圖書館捐了一批圖書，包括馬恩全集、劍橋版的中國史和《資治通鑒》全集，「我想這些書只有呙中校要看。」金心異說，他還往裡夾了一套自己寫的《金心異深圳評論集》，這本評論集是深圳三劍客作的序，書的內頁還印有他們三人的合照。「不知道呙中校能否看到，看到就會明白的。」

## 深圳主義者中年一歎：「我們就像一葉扁舟」

呙中校的遭遇對老亨和金心異——這兩個當年樂觀的「深圳主義者」來說是沉重的打擊。在與體制糾結了許多年之後，金心異最近辭去了所有工作，陪孩子環遊世界去了。老亨則重新鼓起力氣，寫下向老友致敬的文章〈深圳＋香港，失去想像力了嗎？〉。

「我一直相信有兩股力量推動深圳發展，一股是自上而下的改革力量，一股是自下而上的變革社會的力量，現在兩種力量好像都沒有了。」老亨說。他把新希望放在了香港與深圳這兩座城市更深度結合的經濟與社會能量。但這一次，他也坦承，「看不懂」這些年香港的變化。他也許理解銅鑼灣書店店主林榮基，卻很難真切感受到，香港人如今的處境和選擇是什麼。同樣地，他也再找不到當年像因特虎那樣，去激發討論、聯結社群的著力點。

「那段喧譁的時光其實早已過去了，網絡呈現的自由討論空間早就變得和傳統媒體一樣緊縮。」老亨說。

盛夏時節，他和金心異兩個人坐在深圳的毛家飯店裡回憶往事，這家餐廳是兩年前和呙中校最後一次聚會的餐廳，就在呙中校住處附近。

他們講起三人的最近一次見面。2015年年底，在深圳南山區法院的庭審現場。老亨與金心異坐在旁聽席，呙中校坐在被告席。「他在離席的時候，轉身，看見我們，對我們點了下頭，我心領神會。」金心異重重地歎了一口氣。

「我們三個人的人生走向和深圳有種隱隱約約的關係，但我們也說不清楚這關係是什麼。」老亨說。「我們像一葉扁舟，起起伏伏，也不知道會划去哪裡。」金心異用這句話，結束了全部的採訪。

# 自投羅網：烏魯木齊返鄉記

江一

往新疆，烏魯木齊

（圖片來源：http://www.panoramio.com　攝影：羅布泊 ㏄）

近鄉情怯。

七月訂好回烏魯木齊的機票，歸期臨近，躁鬱不安。

倒不怕物是人非、回不到心中的故鄉，那種情愫於我們早已是奢侈——穩定高於一切，市民生活空間被無限壓縮，空出的地方由維穩大軍填滿：沿街叫賣的烤肉黃麵店不見了，原地長出幾百米一個的治安聯防亭。全副武裝的警察和半吊子保安掃清一切不安定因素，也掃清記憶中的二道橋、三道巷。

我的害怕像是多年未踏足醫療機構的人，將要奔赴一場全面而嚴格的身體檢查。在探測器具掃過皮膚臟器之前，我無法確定自己是否安全，是否足夠「愛國愛疆」。而如果被發現確是「偽劣產品」，也無法得知將會面臨何種處罰——畢竟，大部分本該公開的「新聞」，在被曝光之前就因「涉及國家秘密」或「影響社會安定、民族團結」而煙消雲散了。哪怕是眾所周知的「七・五」，想要知道那天發生的一切，所憑藉的永遠是人們的口耳相傳，整個城市的脈絡都搭建在血腥的都市傳說之上。

# 404

互聯網是現代人們生活、工作、交流、娛樂的重要平台，每個網民都有責任和義務維護好、使用好這個平台。烏魯木齊『七・五』事件發生後，從通信管制到逐步開放期間，廣大網民給予了充分理解和支持。

——新疆維吾爾自治區人民政府新聞辦公室

另一層不安則類似幽閉恐懼症，且發病已久。早在2009年7月，「七・五」發生不久，全疆「信息戒嚴」，除了新疆內部的幾個網站外，其他網站幾乎都無法訪問，於一般用戶而言，這無異於物理斷網。

想像你長期居住在一個四個德國大小的局域網世界裡，沒有人知道屏幕上404鑄就的大門（編註：HTTP 404 錯誤訊息代表客戶端在瀏覽網

2009年7月5日，新疆烏魯木齊市爆發大規模動亂，起初只是一場示威活動，後來演變成維吾爾族與漢族的暴力衝突。中國政府出動了武裝警察，事件造成近兩百人死亡、一千七百多人受傷。

頁時，伺服器無法正常提供訊息）什麼時候會打開。新疆和「口裡」（編註：「口裡」是新疆漢話中對內地省份的稱呼，意指現甘肅省嘉峪關以東的中國各省）的邊界，在長城嘉峪關之外，又多了一重關卡。

那個夏天我在香港，暴徒沿街砍人的錄影是在巴士車載電視屏幕看到的，當晚和家人通電話，驚覺我知道的資訊比他們所有人都多。

沒過幾天，想要知道家人是否平安，就需要肉身「翻牆」到深圳——香港屬境外地區，無法打電話回疆。那兩個月的週末，我都在羅湖邊檢排隊過關。大約第四次，中國海關工作人員沒有直接放行，他看著出入境紀錄訕笑：「你戶籍這麼敏感，還出入境頻繁，讓我很難做啊。」半晌指著身份證地址欄說：「你這個家庭住址像是胡謅的，『天山區』，還真有人住在天山裡啊？」

我知道這不是分辨滿山遍野的蒙古包的「天山」和作為行政區劃的「天山區」的時候，只類比：「廣州不是還有天河區嗎？」他不搭話，又問：「你是少數民族嗎？」我指給他看「民族」一欄上「漢族」二字，他仍不罷休：「為什麼你長得像呢？」我被氣出膽子，揚聲問他有沒有見過少數民族。他只得悻悻在通行證上敲章扔回給我，哼哼兩句，「你不是恐怖分子吧？」我不知是好笑還是好氣，小官大過天，只搖頭往前走。

那時深圳的小商店裡還有四毛錢一分鐘的公用電話。我把從外媒和港媒上看到的資訊說給母親，她不為所動。只兩個月，她已從無政府社會狀態中的惶恐轉回大國子民的從容，還屢屢打斷我，「別胡說啊，現在電話都被監控著，不要散布謠言。」商店牆上的電視在播新聞，時任中國外交部發言人秦剛對外國記者說，策劃「七・五」事件的三股勢力在境外用手機和互聯網煽動串連，為了維穩，斷網有它的必要性。

三百多天後，網開了，但比「口裡」各省管得嚴，那些在其他省份時通時不通的網站，在新疆表現穩定——永遠打不開。有次回家前，經驗十足的同事幫我設置了VPN和Shadowsocks，這些在北上廣暢通無阻的「翻牆」利器，到了烏魯木齊立刻啞炮。有天我好不容易翻牆出來，在微信朋友圈炫耀，引來多條回覆。其中有位在自治區政府做文秘的高中同學，留言問我是怎麼「翻牆」的，抱怨自己已困在牆內多年。我只覺荒謬，想起《盛世》裡，陳冠中筆下那位英明神武的共產黨高官非法國礦泉水不喝的情節，感歎我同學到底級別不夠，爭不到一口純淨水。

物理封鎖是手銬腳鐐，戴久了，紮穿肉身，一點一點困住人心。打不開網站才是常態，手機信號不行就做點別的。人們無師自通，揣摩什麼該說，什麼不該說，什麼能聽，什麼聽了就該忘掉，這個最為凋敝的省份，硬是培養出政治覺悟最高的臣民。常常在我發布微信朋友圈後沒幾分鐘，就收到家人的短信——「快點刪掉，別沒事找事。」有個相親未成情誼在的軍校教導員也不時提醒我，打電話、發微信不要肆無忌憚，他恨鐵不成鋼：「最可憐就是你們這種在境外被洗腦的人，根本不知道疆內情況多麼嚴峻，只知道說風涼話。你們說什麼，我們都知道。」

不消審查機器運行，全景監獄眾生平等，是犯人也是獄卒，你看我，我看你，用恐懼和關愛相互綑綁，遠離雷池。

## 「兩面人」

『兩面人』思想上同宗教極端同流合污；政治上腳踏兩隻船，牆頭草、兩邊倒；表面上積極堅定，私底下態度曖昧；嘴上感黨恩，內心報私仇；入黨宣誓跟黨走，關鍵時刻信宗教，有的甚至與分裂分子相互勾結、沆瀣一氣，支持、參與、組織暴恐活動。

——新疆和田地委副書記、行署專員艾則孜・木沙

收拾行李那天，劉曉波剛去世。我時不時刷下朋友圈，目擊「一國兩制」的風貌：不斷截圖傳播死訊、發布悼文的朋友和「兩

耳不聞牆外事」的朋友，共存於同一個屏幕之間，只是騰訊用技術手段把兩者隔開，「牆內」用戶看不到「牆外」用戶發布的敏感資訊和圖片。科技蜃樓，既幻又真。

我心中一動，用谷歌搜索「新疆」、「VPN」、「網絡審查」等詞彙的組合。在自由亞洲電台「少數民族」欄目看到這樣一則新聞〈新疆居民被要求三十日內交出手機、U盤受查〉。內文配圖是烏魯木齊某個小區社區發放的通知截圖，督促居民在8月1日前，攜帶身份證、手機、電腦等物品去街道登記檢查。

報導訪問了一名居住在哈薩克斯坦的新疆哈薩克人，這位不願具名的受訪者表示，的確有哈薩克族人被要求自我約束，減少與境外哈薩克人和土耳其人的交流。我趕快更新一下知識庫，原來哈薩克族也敏感了。之後，我在百度貼吧烏魯木齊吧找到一條很短的貼子，講在街上被警察攔下要求交出手機過檢的經歷。「到底要檢查什麼？」事主在文末問，沒人有答案。另有一條2015年法國廣播中文部的舊聞，說下載國外即時通訊軟件如WhatsApp、Telegram的新疆手機用戶，會被關閉手機號碼，需要自己和警方聯繫才能恢復。

我打開手機，相冊裡十幾張劉曉波的肖像，瀏覽器上還顯示著自由亞洲的新聞報導；WhatsApp 最後一則對話我在和一名作者商量怎麼寫香港本土派遊戲；桌面上一堆新聞應用的圖標，首當其衝是被禁兩年的端傳媒，置頂新聞是〈目睹一場死亡之後，你可記得，劉曉波是誰？〉……如果機場審查手機，那我下一站是去派出所還是父母家？

在哈薩克斯坦轉機的幾個小時裡，我和朋友打招呼說我可能會消失半個月，再把我判斷敏感的程式與內容統統刪掉。看著空空如也的手機，只覺得世界一點一點被吞噬。

早晨的阿斯塔納機場陽光暖人，紀念品店開張了，掛出來一排世界博覽會主題的T恤。我想買件印著「Proud to be Kazakh」的綠色款送給收集字母T恤的朋友。付錢前一秒，我想起那個匿名接受訪問的哈薩克人。如果入境時，邊檢問我為什麼身為漢人卻要宣揚自己是個驕傲的哈薩克人，我該怎麼解釋呢？

然而安檢出乎意料的快，下一秒我已上了父母的車，嘘寒問暖之後，我隨口說虛驚一場，根本沒有人檢查手機。媽媽坐在駕駛座上，從後視鏡裡投來深深一眼：「小區裡的人已經說了要交筆記本和手機過去排查，你走在路上警察也可能隨機抽到你，手機上要是有不乾淨的東西就收起來，不要招搖。」爸爸倒不在乎：「不要大驚小怪，查的又不是你，查的是『兩面人』。」沒等我追問，他加了一句：「你手機上有沒有反黨言論、暴恐視頻？」

## 暴恐視頻

必須把嚴厲打擊暴力恐怖活動作為當前鬥爭的重點，高舉社會主義法治旗幟，大力提高群防群治預警能力，築起銅牆鐵壁，構建天羅地網。

——中國國家主席習近平

什麼是暴恐視頻？這是我接下來幾天連續追問的問題。鄰居、保安、家人、路人，沒人有準確答案。奇妙的是，也沒人認為這是個問題——「暴恐就是暴恐嘛」，似乎一切都不言而喻。

一個退休的阿姨認為，暴恐視頻是指當年「七・五」暴亂時，全市各處監控攝像頭記錄下漢族人被砍殺的慘象。事後，這些片段被剪輯成DVD在漢族人之間廣泛傳播。為什麼看過這樣的視頻就有問題呢？「政府不願意長這夥人的志氣啊，萬一有人覺得（維族人）了不起呢？」

一個待業青年說，在新聞網站上看過「暴恐視頻」，「暴恐」就是字面的意思——暴打恐怖分子，是公安和武警與恐怖份子血戰，視頻中一位警察不幸受傷，看得他咬牙切齒。

還有人說，「暴恐」是中東流傳過來的極端教義，用來招募人去IS（伊斯蘭國）之類的恐怖組織進行軍事培訓，然後再回疆發動「聖戰」。它的載體不僅有視頻，也有文字，甚至還有出版物。雖然說得有聲有色，但到底都是聽說，信源全都是「朋友的朋友」。

表弟在私企工作，他說檢查電子設備的新政頒布一個月，自己在單位就已經被查了三次。這項針對手機、筆記本和家用電腦全面排查工作於七月進行——在新疆，每年總有幾個敏感日子人們格外注意，一般都是某個節日，比如春節、國慶節等，人們擔心恐怖分子會在那天幹一票大的。而由於「七・五」事件，2009年之後整個七月都變得風聲鶴唳。從目前公開的信息，無法得知這項政策的具體細節，但就我自己的見聞，機關單位、私營企業，甚至退休人員和無業人士都會被排查，前幾個主要由單位負責，而無業人士會由戶籍和暫住證所在的社區、街道工作人員負責。除了這樣地毯式排查外，駐紮在街道上的警察也有權攔停行人，要求你出示手機，進行現場檢查。

怎麼查？「就是拿一台類似刷卡用的pos機，接上數據線，很快過一下，沒事就還給你，有事就帶走。」表弟說著就把手機屏幕解鎖，桌面上有個叫「淨網衛士」的應用。他說，這個應用也是要求要裝的，如果不安裝也會被人懷疑涉恐。我問他，「淨網衛士」是做什麼的？「我哪知道，反正叫你裝你就裝唄，放心，反正抓的不是我們這種人。」離開新疆後，我在幾家科技網站上讀到，「淨網衛士」可以在手機中自動定位並刪除「有害數據」。

## 安檢

回家半個月，只要出門，從小區大門就要開始過關。陪家裡老人去公園晨練，要過安檢；去醫院看病拿藥、去學校接孩子，要出示身份證過安檢；去服裝店買衣服、飯館聚餐，要過安檢；去規模稍大的髮廊理髮、美甲店做指甲，要過安檢；去電影院看戲、網吧打遊戲，都要過安檢……

在市內任何停車場進出或者泊車，都需要全車搖下車窗露臉，如果安檢人員認為有必要，還需下車登記檢查和打開後備箱檢查。而從烏魯木齊駕車去往外地，則會在高速公路沿線的崗亭被警察攔停，乘客挨個下車進入路邊剛建好的檢查站，拿出身份證登記，再視警察判斷，或直接過安檢門、或接受問訊。

「現在科技厲害的什麼一樣，你電腦上有什麼，警察都一清二楚。我們單位有人電腦上有『不乾淨』的東西，心虛刪了，第二天警察就找上來了，你刪都刪不掉。」

「我朋友的女朋友去國外旅行，兩個人視頻通話，說著說著網就給斷了。然後派出所給他打電話，讓他帶著電腦去所裡解釋。」

「別說愛上網的年輕人，我們家老爺子退休都多少年了？那天晚上社區街道辦的人上門發表格，讓他登記家裡的電子產品。」

「退休的也要查。那天我們都下班了，網監的人還讓我們去老幹部家上門排查，搞到半夜才回家。」

以上幾段對話是我和家人外出就餐時，從臨近幾個桌子飄來的。這家北京路新開的清真食府，老闆是福建人，食客都是漢族，只有一個在走道裡跳民族舞的年輕姑娘是伊犁來的哈薩克族，她特別和我強調，自己跳得是哈薩克族舞蹈，和維族的不一樣。

北京路號稱是烏魯木齊綠化最好、市容最美的一條路，商人們把飯館開在城北這一片，為的倒不只是空氣含氧量——城北這塊是漢人眼中公認的安全地區。

「七・五」之後，一向對外宣傳各民族人民心連心，「大雜居、小聚居」的烏魯木齊，居住版圖慢慢洗牌：維吾爾族和其他少數民族一路向南，漢族則在新開發的城北買樓。旅遊聖地大巴扎，原本是江浙商人的聚集地地，眼下因為臨近二道橋清真寺，早已是重兵把守之地，少見漢商。公交大巴雖然配好了監控鏡頭和安保人員，有經濟能力的漢人還是選擇買車，以避開接觸黑衫長袖的穆斯林。

自從特朗普當選美國總統，英國脫歐、歐洲各國右翼在選戰前蓄勢待發以來，我每天都可以在網上看到揮舞納粹旗幟的極右翼人士照片。但完全沒想到，現實裡見到密度如此高的極右翼人士，是在烏魯木齊市北京路的一家烤羊肉店。

要形成人民戰爭的汪洋大海，讓『兩面人』無處遁形。人民戰爭一直以來是我黨戰無不勝的法寶，也是反恐維穩鬥爭最終贏得徹底勝利的基礎。

——新疆日報評論員

大家你一言、我一語地抱怨安檢和審查帶來的不便，有人嘻嘻哈哈當作奇談怪事，也有人忿忿然被摸身檢查有辱尊嚴。但耐心聽，你會發現，最令他們生氣的其實是沒有被豁免於這項例行公事之外。

「為什麼查我們，暴恐視頻漢族人也看不懂，也沒有哪個漢族人願意去聖戰不是嗎？」受害人的感覺呼之欲出，引發一片附和。

一個穿制服的公務員忙出來擺事實、講道理，指出如果安檢只針對某個民族的人會傷害民族團結，不能這樣做。大家臉上都訕訕的，不知是覺得沒意思還是不敢說。公務員不緊不慢又接一句，

「你們也別生氣，其實路上安檢什麼的，你們也知道，窗戶搖下來，一看你是漢族人，都讓你過了吧？大家心裡都明白呢。」

這話真不假，我在去烏魯木齊市旁昌吉州的路上，就被警察攔住車。打開後備箱例行檢查後，他們指示我去路邊的一個簡陋的小房子登記身份，進行排查。「我沒帶身份證。」我告訴坐在門口看上去二十出頭的工作人員，他點點頭，讓我往前走。到檢查窗口處，我又重複了一遍，對面三個年輕人笑嘻嘻看著我，讓我背一下身份證號碼，又和我說了幾句關於全球氣候變暖的閒話，就讓我走了。

「你過的安檢和我過的安檢完全不一樣。」好友S是土生土長的本地人，遠嫁歐洲後，這次帶丈夫回來探親。她打算沿天山自駕，帶丈夫領略西域風情。誰知風景沒看到多少，一路盡被安檢搜查。每次他們把車窗搖下來，丈夫那張異族臉就引起對方警覺，「他們可能覺得他是少數民族」。於是在漢族露臉就可以通過的地方，他們不斷被攔下車，進檢查站、填表、問話，解釋自己為什麼在這個時間出現在這裡。後來他們明白，外國人並非敏感對象，只是亞麻色頭髮和淺色皮膚讓人誤以為他是少數民族，於是每次過檢查站，S的丈夫都舉著護照用半生不熟的中文說：「外國人、外國人」，果然對方不再嚴防。S愧疚於如此的區分優待，她念念不忘，「在一個檢查口，對方看了一我們一眼，對同伴說，不是維族，讓過吧。」

四處排查，嚴密監控，這種非戰地地區的高度警戒狀態自然受到S丈夫的批評和諷刺。S一面生氣故鄉的這種醜陋，一面又為安檢人員辯護，不願丈夫攻擊他們。她眼中，這些二十幾歲的年輕人未必希望做這樣的工作。中亞城市三、四十度的高溫，烈日曬在頭上讓人發昏，都是出來混口飯吃，誰又是從小立志要以檢查後備箱和手袋為生呢？

## 「石榴籽」

希望你們全家繼續像庫爾班大叔那樣，同鄉親們一道……促進各族群衆像石榴籽一樣緊緊抱在一起，在黨的領導下共同創造新疆更加美好的明天。

——中國國家主席習近平

只要出門，就要不停地過滴滴作響的安全門，汽車後備箱總是開了又開。但不知是否因為我是漢族，每次過檢，我都能察覺到安保人員的敷衍了事，或曰善解人意。不過再怎麼敷衍，維穩都是一個茁壯成長的產業——從宣傳廣播，到監控裝備，從便民服務站到BRT車站的安保，還有武警、公安、聯防、保安、民兵預備役，也解決了不少就業問題。隨便在街上站五分鐘，就能看見兩、三輛警車和巡邏車從眼前掃過，天橋底下的警察也真會三不五時拉住行人要求檢查證件、手機。在這個穩定第一、發展第二的地方，人才流失、商業凋敝，就連旅遊業也因「七・五」聲名在外，不復當年盛勢，還有什麼產業更加穩定持久呢？

當年大學畢業，也有幾個同學回家工作，大部分都進了本地機關單位。有個一心創業的，把零售、餐飲和旅遊都試了一遍，全面潰敗，根本沒人消費。他於是轉道北京，不久風生水起。有天開車我路過他當年開店的街，在北門，曾經最熱鬧的市中心，果然門可羅雀。做生意的朋友連聲叫苦，怎麼做呢，好不容易賺到的錢，又要買安檢門，又要花錢顧安保，都是開銷。

「凡事不能只看錢，用生活不便換人身安全，沒什麼好抱怨的。難道要讓新疆變成伊拉克、敘利亞，你才開心？」面對我的質疑，家人只當是幼稚的小孩說胡話。他們最愛用的論點就是我離開多年，而他們有人經歷過「七・五」，有人在南疆駐村，有人認識知道內情的警務人員，更加清楚誰是好人誰是壞人。漸漸我學會了只聽不說，在本就幽閉的西域把自己也封閉起來，換一點安生。

離開家又坐飛機，一路繞道。烏魯木齊市幾條主幹道如今都在挖路，為幾年後將投入使用的地鐵做準備。工地四周照例豎起寫滿政治口號的白色廣告牌。固然有全國千篇一律的泥人張胖女孩賣萌闡釋「中國夢」，但吸人眼球的還是本地特色：比如習近平的金句「人民有信仰、民族有希望、國家有力量」，放在一個「各族人民像石榴籽一樣緊緊抱在一起」的此地無銀之境，張力十足。

在烏魯木齊本地打電話，大部分人的手機彩鈴是一首旋律有明顯民族特色的童聲演唱歌曲《中國人的宣言》歌詞。電話接通後一群小孩合唱：「這是東方文明的詩篇，這是中國人心靈的宣言，這是我們入學的第一課，從小記住我們的價值觀……」我還沒反應過來，又聽到一個成年女人開始宣講：「烏魯木齊正在爭做全國文明城市，不亂丟垃圾、不亂貼廣告……」。

近機場的地方又見安檢，我們搖下窗戶慢慢開過去，而旁邊的少數民族一家，在路邊被攔下回答質詢。一路向東，我轉了好幾趟機，網絡漸漸恢復，到了上海機場的時，Gmail提示累積了幾百封信，我抽時間一一回覆，但到了香港機場才把它們一一發出去。

這一路像時光機，但不知是從過去飛往未來，還是從未來回到過去。

# 國防生贖身記

## 楊靜

中國人民解放軍

（圖片來源：http://www.defenselink.mil　攝影：D. Myles Cullen ⓒ）

在涉足這個等級森嚴而封閉的系統之前，因為一檔電視節目，少年桑可（化名）第一次有了參軍的念頭。那是2008年5月，四川汶川發生里氏（台譯：芮氏）八級強震，桑可在電視上看到了軍隊救災，一時熱血澎湃，「想報效國家，覺得很光榮，很想之後當兵加入他們。」

第二年高考前，桑可鄭重在志願表上填報了中國人民大學，武警國防生。

中國的國防生制度正式確立於21世紀的開端，這種制度是美國「預備軍官訓練團」（Reserve Officers Training Corps）的翻版，它繼承了美國殖民地時代「國民軍隊」的傳統，現普遍設立於美國各地非軍事大學、學院，為的是培訓高素質的預備役軍官，包括為學生提供獎學金、學習期間在部隊實習、就分屬部隊屬性進行專業訓練、畢業後入伍服務等等。

按桑可後來了解的說法，1997年江澤民訪美時，見到美國軍隊在地方大學培養軍隊儲備幹部，提升軍隊中大學生人數的比例，然後，就有了中國的國防生。這種說法難以考證，但在訪美結束後的1997年12月，江澤民正式提出，「軍隊生長幹部要逐步走開軍隊自己培養和依託國民教育培養並舉的路子，從更大的範圍選拔培養高素質的人才」。1998年，試點在大陸最頂尖的兩所大學北大、清華展開。

十一年後，桑可成功被中國人民大學錄取，成為大陸四萬八千名在校國防生之一。

但聊起大學四年，桑可說：「如果再來一次，我一定不會再讀國防生了。」

## 國防生們的「算盤」

違約賠償十六萬、重獲自由兩年後的夏天，桑可正在香港某高校藝術院系讀碩士。人多時他常常沉默，即便說話，聲音也不大，更多時候他喜歡獨來獨往，有時沿著海岸線一走就是幾個小時。他說，不知道怎麼和同學溝通。他看起來並不像一名鐵血軍人。

桑可是上海人，原本計劃大學讀建築，為汶川地震軍人們的英勇救災感染後，他開始關注國防生的招生。

家人支持桑可的選擇——一個來自軍隊的親戚尤其贊成，說國防生出來直接就是幹部，還說在北京他有個朋友是徐才厚（前中央軍委副主席）的戰友，到時候桑可畢業了想去哪隨便挑。那是2009年，應屆生找工作已經很困難，那時徐才厚尚在人世，還身居中央軍委副主席，親戚的話讓一家人倍受鼓舞。

像桑可這樣一線城市的優秀生，報考國防生的並不多。桑可那一屆，大陸一百一十七所大學共招收了七千五百名國防生，大都是名校，包括在大陸前三甲的清華大學、北京大學、中國人民大學（人大），目測百分之六七十的人來自農村，「大家們報考國防生，一般是這幾個原因：家裡有人在部隊的；希望上人大這樣的名校但是分數差一點的；還有就是很熱血的。」對於農村學生，國防生還意味著城市戶口，「很有吸引力」。

桑可的成績一向不錯，順利過了提前批的分數線。但這只算半隻腳邁進了國防生的行列，接下來還有體檢、政審和面試三輪淘汰。

體檢是硬指標，很嚴格。政審主要是看家庭出身、犯罪記錄。面試桑可的是上海幾個軍隊大校，「就是看看你思想狀態怎麼樣，問你為什麼想做國防生，畢業分配有什麼期待之類的。」

除了高考，在校的大學生也可以經過選拔，從普通學生轉為國防生。但不管哪條路，暗箱操作都不鮮見：高考分數不夠的，可以三四十萬買一個名額；家裡在軍隊裡有關係的，也會活動起來。

砸錢買一個名額，值嗎？這在熱血青年桑可看來很奇怪，但在大部分同學眼裡，這不是賠本買賣。

很多人打著算盤：國防生享受體制內更快的上升通道，往往三十歲出頭，就能升到副營級以上，就可以分房、上戶口。很多人還會搞副業賺外快，軍隊的特權眾多，比如北京火車站有關係的軍人可以獲得春運的票源，賣高價票的話，比黃牛賺得還多。

## 評選幹部，打小報告，駛上人生快車道

在人大，本科四個年級共有大約四百名國防生，入學時，國防生與大學、武警部隊駐大學選拔培訓辦公室（簡稱「選培辦」）會簽訂三方協議，約定大學和選培辦共同管理國防生，但實際生活中，選培辦的管理更為直接密切。

直屬武警總部的選培辦，設一個主任，一個副主任，三個幹事。主任是團級幹部，有專車司機，比部隊裡同級別的幹部清閒很多。

三個幹事也是團級，住在大學裡，負責對國防生日常具體管理，訓練、查勤，分配有北京的房子。其中一個幹事是特種兵出身，一路當兵過來，對學生特狠，「有什麼不滿意，可以一腳給你踹飛」。

他們也會在國防生中選出學生幹部。這些學生幹部可以隨時上報國防生的行為和思想問題，「平時他和你聊天接觸的時候會留心你的言談，然後給教官打小報告，教官再把我們叫去進行思想教育。」

如同學校裡的班幹部，當選「隊長」，有助於在「年度優秀國防生」評選中增加亮點。每到畢業之時，軍隊會根據國防生們四年

的在校表現，選出唯一一個「優秀國防生」，「選上了，就給你加一顆星，是正連級待遇」。

「正連級待遇」意味著什麼？

桑可入學那年，人大招收的國防生屬於「指揮類專業」，畢業之後一般都是排長，在大陸軍隊的軍銜系統中，排職是最低的職務等級，往上是副連職，再才是正連職。從副連升到正連，普通士兵在部隊裡一般要奮鬥三四年。

無疑，表現良好的「年度優秀國防生」是一條人生的快車道。

## 尷尬的「夾心層」，「學習沒什麼用」

桑可沒有一路競逐畢業優秀國防生那顆星。大學四年，他覺得自己「當初那些很正面熱血的東西」正被一點一點消磨掉。他坐在舊沙發上，揉著太陽穴認真回想。言談間眉頭越皺越緊。

大一剛入學，哪怕一上來就高強度軍訓了一個月，也可以堅持。「生為國防，為國防生」、「人大紅，橄欖綠，一條風景線」等等口號，讓本就抱著報效祖國之心的桑可更加覺得，當國防生，很了不起。學校還會請榜樣畢業生回來匯報，有人說起當年畢業時，自願打報告要求被分配去西藏戍邊，掌聲一片。

漸漸地，桑可體會到了國防生的尷尬困境：他們是軍校生與普通生之間的「夾心層」。

和軍校生不同，國防生接受的管理是準軍事化，而非全面軍事化，大學四年不算入軍齡。在軍事教育方面，國防生沒有特別過人之處，無非多學軍事理論，學學怎麼樣搞文化活動、豐富官兵生活。而畢業後進入部隊，國防生又不如軍校生專業，也很難融入，甚至會因為過分自由散漫而被軍校生歧視。

和普通生不同，準軍事化管理意味著嚴格的體訓，國防生每天六點起來晨跑，動輒三五公里，直接結果就是早課普通生聽課記筆記，三十多個國防生在後面睡倒一片。還不時有加強訓練、緊急集合。人大校慶時，為了呈現國防生的風貌，桑可們一個月沒上課，每天六個小時，專門訓練軍體拳。

訓練、內務、打掃衛生、疊被子，都是準軍事化管理的一部分：有時他們需要花一整天疊被子，從早上七點練到半夜兩點。就算上課，教官也會打電話把國防生叫回來。軍中命令神聖不可侵犯，被子一疊就是四年。桑可認為這些是「瑣事」，很想逃避，有陣他乾脆晚上睡覺不碰被子，披件大衣就睡了。

和普通生另一點不同，是畢業後，國防生不用自己找工作，只需等分配、入部隊，這讓桑可提不起興趣學習。他們不考四級英語，因為去部隊用不著說英語。上課睡覺，老師也會網開一面。一學期不上課、躲在寢室裡打遊戲的人也有。

大家的共識是：「學習沒什麼用」，「我們不擔心前途」。

## 「在軍隊裡很多權力濫用和腐敗是深入骨髓的」

好不容易熬到暑假，國防生不能休息，要集中軍訓，或到部隊見習。按照《國防生教育管理規定》，總時間不得少於六十個訓練日。

初次零距離品嘗當兵滋味，桑可卻聽到了橄欖綠之夢破碎的聲音。

大學第一年暑假，桑可去了防化指揮工程學院十三支隊，那是北京唯一一支機動支隊，1989年天安門運動時從河北拉過來，鎮壓結束後留駐昌平。

這裡沒有日常任務，每天就是訓練，練習應急棍、刺刀、盾牌陣型。再就是匯報演出，展示軍訓結業成果。隊裡有裝甲車和警犬，警犬整天狂吠，桑可在旁邊跑步，「邊跑邊心顫」。

大二的暑假，桑可在天安門金水橋七中隊實習，站崗、訓練、體驗基層生活。隊裡的戰士、士官都已在這裡待了三五年，他們學歷比較低，高中沒畢業，都是外地人，但能到天安門的中隊，基本上背景過硬——能在毛主席像前面站崗，這是軍人心中的聖地。

桑可和隊裡的戰士聊天。他讀的是武警國防生，但武警跟他想像的不一樣——沒什麼賑災，都是「維穩」。天安門會有各種人拉橫幅什麼的，上訪的、法輪功、退伍軍人……一旦發現他們，便衣需要圍上去摁住。穿制服的再會在便衣外面圍成一個圈，不許閒雜人等進去。廣場旁邊停著警車，這些人最後被拉上車，軍人們的工作就完成了。

桑可越想越多，越苦悶。一方面，最初激發他投考國防生、從軍為民的想像破滅了；另一方面，他自責身在福中不知福——在解放軍的培養體系裡，國防生、軍校生已經是非常高的起點了——桑可記得，中隊裡有個小戰士是農村來的，在北京這些年，除了站隊的天安門，哪裡都沒去過。

在七中隊，桑可忽然覺得看到了自己的一生，有可能三四十歲時成了軍隊領導，更有可能混不下去，他知道自己的性格——不愛說話、不夠靈活、不習慣講關係，但「在軍隊裡很多權力濫用和腐敗是深入骨髓的」。

比如，中隊裡一個小小的班長，也可以隨意體罰士兵，「讓人蹲好幾個小時，晚上睡覺，他還過來你鋪頭隨便踢人」。桑可生怕被班長誤打，睡覺時都會把國防生的肩牌放在身邊，但被體罰的士兵卻不以為然。

還有各種人治，比如明明有假期，但是上級找各種理由，就是不給批。

桑可萌生了退出的念頭。

他想復讀高三，重新高考，可是家長不同意，希望他堅持唸完再考研究生。他又準備考人大傳播學的研究生，但很久沒有學習，學業斷斷續續的就荒廢了。

## 不得考研，不得出國

桑可不是唯一想逃的。到了大三、大四，同年級的普通生都在實習、準備外語考試，「我們心理落差很大」。當時選培辦幹事裡，有一個也是國防生出身，他勸桑可們說：其實大家都明白，你們就配合一下吧。

大四畢業年，桑可爸媽開始勸他放棄考研，畢業後去部隊。到時他們可以託關係讓桑可分回上海，找個機關當個小幹部，上班下班。好歹是鐵飯碗，待遇還行，醫療、住房都不用愁。

桑可也慢慢認清局勢，「我們沒什麼出路，考研考不上」。但他沒有料到後半截——「想考也不讓考」，否則就是違約。

講到這一段，平日寡言的桑可激動起來。他說，2009年招生時，完全沒提不可以考研，進校了才給家長開會，說指揮類專業的國防生不能考研。但又據前人的經驗，這項規定執行得並不嚴。桑可身邊有人準備偷偷去考，但選培辦主任出招了。

大四那年一月初，研究生考試第一門那天，主任讓所有國防生集合開會，放話說：如果誰有一門沒去考還能考上，就放你走。那天，所有人不得不去開會，否則會被直接開除，連學籍都丟掉。

這是硬幣的另一面：體制有紅利，也有它無所不在的綁縛，它可以調動一切讓你盡享特權，也可以調動一切力量來打壓你。

比考研管得更嚴的是出國，桑可時常會聽說一些「先烈」的下場。一說是，當局會在護照、簽證上找麻煩，最狠的時候不給學位證，不給恢復戶口，不讓你把戶口從學校集體戶口裡面遷出去，把你打成「黑戶」（指沒有戶口、沒有身份證明的人）。另一說是，就算國防生交得起違約金，贖回自由，也要「承擔責任」，比如五年之內，不得考研考公務員，不得在公職機構、國有企業、事業單位、軍隊等任職，也不能出國出境。

在大陸知名問答網站「知乎」上，「國防生」的話題下面，匿名者排著隊列，打聽怎麼可以考研、可以出國。還有一批匿名者現身說法，教如何鑽空子。

很久以後，桑可才知道，那些強制制度並沒有落實給其他部門。

## 「最後分配都是關係」

轉眼，桑可迎來了國防生四年裡最重要的一刻——畢業分配。

桑可這一屆一百多個人，都要分在武警系統。《國防生的分配原則》的第一條這樣寫：「國防生畢業分配遵循專業對口、按需補充、面向基層、保障重點、兼顧個人意願的原則。」這三十四個字具體實施起來人人不同，利益複雜。

在等待分配的國防生心裡，首都北京處在金字塔頂端，但據桑可的觀察，想留在北京，主要靠家裡的關係，「如果你是少將的兒子，分去新華門、中南海也不是沒可能」；憑個人能力出頭的也有，比如那些「大學四年混得好，經常給教官送送禮，陪他們打牌」的。

次一級的是上海、廣州、天津，再往下就是家鄉所在地的省會城市；然後是甘肅、青海、內蒙；跟著是機動師，它不在城市執勤，是遇到突發事件才出動，全國有十幾個待命的機動師，大家都不想去機動師，因為不執勤，每天都訓練，戶籍也是個問題。

最底層就是邊疆的新疆和西藏——在校四年，教官們總在說，

「你們表現不好，就分到新疆西藏去。」

桑可有自己的打算。

大四那年三月開始，同學們挨個被叫去談話。教官和學生其實不完全對立，分配常常是雙方協商的結果。留不了北京，就去省會，去不了省會就去家鄉附近。新疆、西藏這種沒人想去的，一年也得去六、七個人。

分配的標準十分模糊。按道理，每個國防生都有一個積分，教官也說要看平時表現，但桑可苦笑道：「最後分配都是關係。」

桑可的違約報告，就是在被約談分配意向時提交的。

回想起那天，桑可笑出來：當時選培辦主任沒看清楚，以為桑可拿著請願書，要自願戍守邊防的。主任一激動，站起來迎接他，說：今年還沒主動去西藏和新疆的呢！等看清楚了桑可拿的是一份違約報告，主任臉色都變了，轉而訓幹事：平時怎麼沒發現這個苗頭！

桑可那屆最後有約五分之一，也就是二十個國防生不幹了。走的方法有兩種：被淘汰，或是違約賠償。有人努力表現很差，想要被淘汰，但是失敗了，「第一屆國防生裡聽說有人被淘汰，原因是畢業掛科。到我們，掛科也沒事兒，補考一定給你過。」

大多數人還是通過違約賠償脫離了這個系統。《國防生的淘汰及違約處理》上寫著：「除退回已享受的國防獎學金外，還必須交納一定數額的賠償金。」桑可賠了十六萬。但他一直不明白：國防獎學金一人一年一萬，四年合共是四萬，那麼餘下的「一定數額」是怎麼定為十二萬的？

後來桑可才知道，這個價格因人而異。合約寫賠償三到四倍違約金。就在同一所學校裡，有人賠十萬，有人十二萬。有的人交不起，各種手段都有，比如拖著不交錢，教官就扣著學位證畢業證，但你不要學位了他也沒辦法。

最後，桑可賠付的違約金打到了一個私人賬戶裡。那是他爸爸存了很久買車的錢。

## 人生兩種

賠付十六萬之後，就是另一段人生。

為了脫離國防生隊伍的事情，桑可和家人的關係越來越僵，父親不同意，是心軟的母親拿出了那筆錢。畢業之後，桑可和家人的關係沒有改善，常年獨自在外漂泊，心裡還為白白花費了父母的血汗而內疚。

他和很多人失去了聯繫：入伍的同學手機都被收了，聯繫不上；有人出國了，有人北漂；毀約的人往往不想提起這段往事，在體制內的就更不願意了。

在知乎的「國防生」主題問答中，匿名答題人有的留在體制內，有的恢復自由身，二者已經融入了截然相反的世界：前者認真告誡師弟妹，分配時要努力活動，下了部隊要融入軍隊文化，要會說話，會帶兵，不要太清高；恢復自由身的各有不同，有人自稱「業界良心」，說能走一定要走，更有人小心翼翼，在匿名回覆端傳媒採訪邀請時答：「話題比較敏感，不希望發生其他聯繫，可以在評論裡問就好」。

訪問快要結束的夜晚，距離桑可決心報考國防生，已是七年過去。汶川仍在緩慢的自我修復中，被取消上將軍銜的徐才厚已被宣布「因膀胱癌醫治無效身亡」。桑可走到一個天台，看著海灣對面的燈火，想起他第一次穿軍裝那天。那時他歡欣鼓舞，還沒意識到，這身綠色軍裝就是一張簽訂的「賣身契」。

「如果再來一次，我一定不會再讀國防生了，」桑可說，如果再來一次，或許他連學位證也不要，更不會賠償那筆落入私人帳戶的違約金。但最遺憾的是，他的青春，已一去不復。

日本人禁止入内，违者后果自负
Japanese People not allowed to enter

# 那個開日系車被「愛國青年」砸穿腦袋的中國人

江雪

中國巷道中的反日標語

（圖片來源：https://commons.wikimedia.org　攝影：metal.lunchbox ㊂）

2016年11月9日下午，西安明城牆內的中心醫院。老舊的住院部樓上，四十五號床的病人李建利，正拖著殘疾的半邊身子，在樓道裡緩慢挪動著腳步。

自從2012年的9月15日下午，被一名叫蔡洋的「愛國青年」用摩托車U型鎖砸穿了顱骨，今（2016）年五十五歲的李建利，已在同一間病房裡度過了四年零兩個月。

五十個月，新的頭皮長了上來，彌合了被用鈦合金補上的頭頂，但看起來還是坑坑窪窪的，稀疏的頭髮也掩蓋不住。嚴重的後遺症奪走了李建利過去的強壯與靈活。經過兩次開顱手術，他的右邊身體，至今仍不能活動， 右手指合攏如「雞爪」狀，無法抓握。

每天六點，李建利在附近報時鐘樓裡傳來的「東方紅」樂曲聲中醒來。妻子王菊玲照顧他洗漱，吃飯，再去康復室。每天，妻子要幫他做兩、三個小時的康復訓練：戴特製的手套，但只有偶爾能夠成功，大多時候，戴不上手套，他沮喪到想哭。

如今，李建利能自己慢慢走上一百米。他常在樓道裡扶著牆移動，周圍病人的情況都清楚。不久前，隔壁的「四十七床」死了，他心裡難過了很久。另一張床上躺著一個在2008年汶川「512」地震中受重傷的年輕人。李建利和他們聊天，緩解心頭的鬱悶。大多數時候，他都關緊病房的門，彷彿這樣就能把生死無常、病痛呻吟和藥水味兒都關在外面。

但每天門都會被推開，護士會送來醫藥費單據。到11月9日這天，單子上的費用已達807,168.97元。醫院並沒有直接催要醫藥費，據說「政府會管」。但政府代蔡洋賠償的50萬，3個月前才剛剛打到賬上，藥也從那個時候被停了。

病房的窗外總是灰濛濛的。李建利偷偷在水杯裡養了三棵綠植，放陽台上，鬱悶時會看一看。「就這樣熬著吧，」王菊玲說。他們不知道什麼時候才能離開這裡。

## 下崗開出租，終於熬出了輛豐田卡羅拉

2012年9月15日，對李建利來說，是一生的「劫數」。在他看來，這一年一直「不太平」。

當年四月，中國和日本關於釣魚島的爭端開始升級。7月，日本政府稱要在年內將釣魚島國有化；8月，香港保釣人士在釣魚島登島，被日本警方拘捕；9月10日，日本政府正式購買釣魚島……這一切，在中國的政府和民間，都激起強烈抗議。報紙上連篇累牘的報導，不斷渲染的氣氛，使得愈臨近日本侵華戰爭開端八十一週年的9月18日，氣氛愈加緊張。在北京、深圳等大城市，開始爆發反日遊行。

即便如此，李建利從來沒有想到，一直「很愛國」的他，會倒在「愛國青年」反日遊行隊伍的圍攻之中，頭骨被砸穿，他在完全昏迷之前的最後一個意識，是看到妻子掏出一張被血浸透了的人民幣，遞給送他到醫院的出租車司機。司機拒絕了，吼著：救人要緊！

李建利是土生土長的西安市民。1961年出生，家在城牆內一條老巷，巷邊都是上了年歲的國槐，平靜安詳。在李建利的記憶中，除了「文化大革命」、1989年六四運動那些特殊的時刻，這座城市一直是平靜的，直到2012年的9月15日——這一天，內地有50多個城市發生反日遊行，多地遊行演化成騷亂，西安是其中最為激烈的一個城市。

『這是咱中國產的車，天津一汽的，不行你們看標誌……』『以後我們不開日系車了，好嗎，求求你們……』

這一年，李建利五十一歲。之前他是西安市蓮湖區一家集體企業的工人，1993年前後，集體企業改制，還不滿四十歲的他和妻子「響應國家號召，為國分憂」，雙雙下崗。之後，他們幾乎一無所有。

為了生存， 他和妻子開起了出租車。他們湊了所有的錢，在1994年買了一輛白色「夏利」。 這個心靈手巧的男人，愛車，喜歡鑽研，曾把一輛出租車的發動機拆下來，自己組裝，他此後的命運，也似乎一直和車有關。

開出租車的那幾年，為了省錢，夫妻倆不僱司機，丈夫夜班，妻子白班，風裡來雨裡去。1990年代的西安，治安不好，搶劫出租車司機的事情常常發生。李建利兩口子都被劫過。王菊玲到現在還記得，一把冰涼的刀抵住自己的脖子，她把身上所有的錢都交了出來，最終逃過一劫。

就這樣幹了五六年，日子極為辛苦，但終於攢下了點錢。2000年前後，夫妻倆都不願意再這麼辛苦下去，就賣掉出租車，和4S店合作，幫人辦理二手車的中介手續等。李建利對車熟悉，兩口子人又勤快，利用過去的人脈，生意不錯，一年能有十多萬的收入，生活漸漸好了起來。

2011年，他們終於擁有了自己的第一輛車。李建利精心挑選了一輛豐田卡羅拉，天津一汽產的，省油，實惠，他們很滿意。和當年賺下第一桶金的夏利一樣，這車是白色的，亮亮堂堂。夫妻倆商量著該給大兒子籌辦婚事了，婚期就定在2012年底。

## 「這是咱中國產的車，不行你們看標誌」

2012年夏天，李建利夫婦幫兒子裝修婚房，天天跑建材市場。9月

15日這天，裝修基本完成了，他們去西安北郊的建材市場買燈。

一早出門，他們就聽說當天有遊行，但沒太往心裡去。李建利想，遊行都在市中心，建材市場在城郊，另外，遊行半天也就該結束了。買完燈，夫妻倆和兒子兒媳吃了午飯，開車回家。到了環城西路，離家也就兩三公里的地方，卻發現遊行還沒結束。

他們被包圍了。

前面是輛五菱麵包車，後面是輛「獵豹」，李建利夫妻倆的豐田卡羅拉在中間，白亮耀眼，三輛車的前後方都擠滿了黑壓壓的人群，很多都是血氣方剛的小夥子，拎著木棍、磚頭等等。

李建利的車陷在人群中無法動彈，路中有隔離柵欄，他沒法掉頭，只好慌忙下車，給圍攏在車旁邊的人解釋：這是咱中國產的車，天津一汽的，不行你們看標誌……妻子也給那些年輕人忙不迭解釋著：以後我們不開日系車了，好嗎，求求你們……

哀求沒用。有人開始砸車的擋風玻璃了。

「四年後，李建利說：我被砸倒的路旁邊，就是治安局的辦公樓。」

李建利拉住一個壯小夥（事後才知道他叫蔡洋），帶他到車後邊，專門讓他看車的標誌，可包圍者們壓根聽不進去。李建利從一個砸車者（事後知道叫尋建奎）手裡搶來一塊磚，想著自衛。此時，看到蔡洋又要砸車，李建利拿起磚就拍了下去，一瞬間，蔡洋的頭流血了，李建利心裡立即就怕了，把磚扔到了地上。沒想到，此時的蔡洋，掄起手裡的U型鎖，朝李建利頭上砸了下來：一下、兩下、三下、四下……李建利癱倒在了車跟前，血混合著白色的腦漿從頭頂噴了出來，

妻子王菊玲大哭著，尖利地呼叫著，周圍的人全都在拍照。有攝像頭拍下了這一幕。

有人幫助王菊玲，終於攔了一輛出租車，她拿了一大卷衛生紙，捂住丈夫的頭頂，血汩汩地從她手縫中間冒著。車到環城西路北段內的玉祥門，執勤的交警見狀，讓警車開道把他們送到了醫院。

到玉祥門之前，李建利夫婦一直沒有見到警察。四年後，李建利說：我被砸倒的路旁邊，就是治安局的辦公樓。

## 「愛國」砸了李建利，洗劫了西安城

砸斷了李建利人生的「915」，也讓西安這座古城遭遇了一場以愛國為名的洗劫。當天在西安城區內的多條主幹道上，都發生了打砸搶事件。

在南二環，一位年輕的母親帶孩子去公園時，被呼喊著反日口號的人們包圍。她跪在地上哀求，也未能阻止心愛的車被砸。在一些地方，有遊行者翻過圍牆，進入停車場，打砸、掀翻那些日系品牌的車輛。

在市中心的鐘鼓樓，東西南北四條大街上，擠滿了黑壓壓的人群。鐘樓飯店內有兩位日本客人受到圍攻，武警出動保護日本客人，並和人群發生衝突。

在城市的其它地方，打砸搶的行為沒有得到警方的有效制止。一位目擊者在微博上直播他看到的情景：陝西省政府外的西華門附近，山葵、索尼店被一夥人砸毀，連門口的矮樹都被拔起來扔在地上。另一位目擊者播報：一位女士因為車被砸，急暈過去。外面有救護人員抬著擔架進來，結果擔架被沒收，救護人員被打跑。一些人在路邊搜尋身著日本品牌服飾和拿著日本品牌相機的人，一名外國遊客的「尼康單反相機」被砸。一位大學男生，因為身穿川久保玲的針織衫，被人扒光了衣服，只剩一條內褲……

而在西起玉祥門的蓮湖路，一夥人把一家已經關了門的4S店鐵門撬開，店主跪在玻璃渣上哀求，因為一位回族老人出手相救，施暴者才悻悻離開……

『畢竟群衆是表達愛國熱情，這中間的度不好把握，』有不具名的西安警察在『9.15』之後這樣對媒體表示。

下午4點多，李建利被送往醫院時，暴力還沒有停止。西安本地一家草根信息網站「在西安」（網站、微博、微信已在內地被封），於當天接到上千條目擊者和受害者的信息。

9月15日當夜十一點半，手術結束，李建利還在病房裡和死神搏鬥。

9月16日，西安本地的媒體無一字報導這場騷亂，但發布了西安市公安局「堅決制止非法集會、遊行示威」的公告。警方開始控制事態，在西安城牆的各個城門口，派駐了武警把門 。城區內處於戒嚴狀態。10月2日，蔡洋被捕。

10月8日，西安的兩位市民——江雪和王天定，向西安警方提交了「信息公開」申請，要求公布有關「915」當天的公共信息。他們沒有得到回應。

但警方沒有否認，在「9.15」當天的西安，面對打砸搶的現場，面對騷亂的人群，他們基本保持了沉默。「畢竟群眾是表達愛國熱情，這中間的度不好把握，」有不具名的西安警察在「9.15」之後這樣對媒體表示。

李建利夫婦在病房裡。（作者提供）

## 李家4天撤訴，警察駐守病房兩年

李建利保住了性命，9月18日從重症監護轉入普通病房。「915」事發後，輿論洶湧，10月11日，李建利的家人向西安蓮湖區法院提起行政訴訟，狀告西安市公安局行政不作為，並索賠損失。

但僅四天，這場訴訟就被瓦解了。

王菊玲回憶，「915」之後那段時間，來了很多記者，警方開始應對各路試圖進入醫院採訪的記者。「一直有警察在這裡，白天晚上。他們也辛苦。晚上就睡在樓道上，」王菊玲說，有一次，來了一位記者，自稱是韓國的。剛說兩句話，就被警察請出去了。還有一次來了一位美國記者，但連門都沒有進來。

10月14日到15日，警方與李家洽商了一天半，李家獲得了六萬多元的補償——已支付的醫療費用，15日下午，在警方的陪同下，王菊玲去蓮湖區法院要回了訴狀。對此，李家的解釋是，公安局說服他們，讓他們相信政府，「我們只好相信政府。」他們也為兩個孩子擔心，擔心「和政府對著幹沒有好處」。

李家撤訴，警方並未撤離病房。按照王菊玲的說法，這種狀況一直持續了兩年，到2014年8、9月。人們也漸漸忘記了他們。

『就這樣熬著吧，』王菊玲說。他們不知道什麼時候才能離開這裡。

2013年11月，「915」發生一年後，蔡洋被法院判處十年有期徒刑。判決認定，由蔡洋賠償李建利的醫療費等五十二萬餘元。但這顯然無法實現。 蔡洋家在河南農村，在西安打工，本身就極貧窮，根本不可能拿出這麼多錢來。

警方承諾政府可以代蔡洋完成這個賠償——這也說服了李建利家人撤訴。但直到2016年8月，這個承諾才得到履行。不久前，蓮湖區法院將五十萬元打到了李建利家的賬上。

王菊玲說，從八月份拿到「補償」開始，醫院裡的藥也停了。如今，他們想回家，但又不敢輕易出院。李建利失去了工作能力和生活自理能力，需要人終身照顧。她也擔心他發生其它的併發症。出了院，將來的日子，漫長得讓人發愁。但是老在醫院裡，也不是個滋味。

## 「砸日本車，燒日本貨，那不都是中國人的血汗？」

在蔡洋被判刑之前，2013年7月，西安的四個區級法院，宣判了九宗關於「915」打砸的案件。其中打砸了四輛日系車的一名被告人王剛，被以尋釁滋事罪判處有期徒刑一年零十個月。另外有十一人被分別判刑。但大多數參與打砸者，已很難得到追懲。

五年過去了，「915」帶給城市和人的傷痛還在繼續。文化程度是高中畢業的李建利，之前很少關注日本。2012年9月15日之後，他開始關注和日本有關的新聞。「我在電視上看到，很多人去買日本馬桶蓋，結果還是中國產的。」

「我們這代人經歷過文革。我就擔心呢，哪天暴徒闖到家裡了怎麼辦？」

他有時想，中國人真是「極端得很，也狹隘得很」。「砸日本車，燒日本貨，那不都是中國人的血汗？日本沒有一點損失。」但同時他覺得，自己這輩子都不會去日本了，畢竟，招來這麼大的災難，還是和日本有關。

李建利的弟弟在醫院上班，每天來看哥哥。他是個爽朗的中年人：「我不恨日本人，都是人啊。可我現在也不會買日貨了。」弟弟把電視換成了「康佳」，空調也用「美的」。「我們這代人經歷過文革。我就擔心呢，哪天暴徒闖到家裡了怎麼辦？」前一陣子，定居在日本的表妹要給他一輛自行車，明明知道質量好，他也沒敢要，「怕惹禍」。

五十二歲的王菊玲，學歷是初中肄業。在醫院的日子讓她鬱鬱寡歡。這四年裡，除了兩個兒子都結了婚，抱了孫孫，王菊玲沒有什麼高興的事情。「反正我還是恨日本人。他們不搶釣魚島，不就沒這回事了？」和很多她這個年齡段的人一樣，她的信息來源是看看微信朋友圈，發一些養生的東西。也看看電視，看看中央電視台的「新聞聯播」。

# 北京拾荒20年：你的京城，我的廢都

趙晗

過去幾十年，中國一直沒能建立完善的垃圾回收體系，但垃圾回收率卻遠高於一些發達國家，靠的是全國三百到五百萬的拾荒人員。（攝：潘希倫／端傳媒）

北京街頭不起眼的巷落，間或有三輪車哐噹駛過，車上高高摞起各式各樣的「破爛兒」，旁邊一張海報大的硬紙殼，歪歪扭扭地寫著：廢品回收。緊跟其後，經過這座城市的繁華與浩瀚，便會進入一個巨大而隱匿的世界——廢品的王國。

北京早在上世紀50年代就提出了「垃圾分類」，但時至今日，市民尚未養成習慣。2015年，北京的垃圾產生量已經達到七百九十萬噸，四百多個垃圾場，如同「七環」，將北京團團圍住。

每天，成百上千的拾荒大軍蹬著三輪穿梭在北京各個小區，從居民手中回收紙皮、塑膠和金屬。在散發著惡臭的垃圾山上，他們爬上爬下，熟練地分揀可回收物。中國一直未能建立完善的廢品回收系統。廢品回收，靠的是全國三至五百萬拾荒人員。北京則全部仰仗這二十萬匍匐在社會最底層的拾荒者，他們活躍在各個廢品站，形成一條高效且有序的廢品回收鏈條。

在這拾荒大軍中，有一個來自安徽的周氏家庭。二十年前，年近五十的周守義舉家來到北京南五環外的一處垃圾填埋場，開始了拾荒生涯。

## 撿來的腐壞食材，撿來的家

周守義現年六十八歲，來自安徽阜陽的一個村莊。他是一個固執的老頭，身體還結實著，就是少了一條腿。

從前他是孤兒，家鄉沒有可以耕種的土地，一直靠給別人蓋房子餬口。80年代末，一次施工中，一棵突然倒下的大樹壓斷了周守義的左腿，他丟了工作。1995年，一起火災燒燬了全部家當，周守義被徹底趕入絕望。他決定舉家到北京闖蕩。

這時，他帶著四個孩子：一對兩歲的雙胞胎女兒，取名冰玉和冰清；弟弟沒錢養女兒，想丟棄，周守義也把她收養過來，時年八歲；妻子還懷著未來的兒子冰傑。

經老鄉介紹，周氏一家五口來到了北京南五環的西紅門地區，一個大型垃圾填埋場。現在，由於城市的迅速擴張，這裡已經成為坐擁宜家家居和若干小區的生活區。

冰玉讚歎媽媽的手藝，每次都能切掉嚴重腐敗的，把中間的部分用開水反覆煮，之後切成肉片，佐以辣椒同炒。『有沒有異味我們吃不出來，一心就想著吃肉了。』

加入京城二十萬拾荒大軍以後，周守義用撿來的鐵皮、碎磚和木頭，在垃圾堆中建了一個鐵皮窩棚，還在其中迎來了兒子冰傑的到來。即便在冬天，垃圾場上腐敗的氣味依舊刺鼻。冰清記得，每隔十幾天，還有糞車來這裡傾倒。

屋裡一切的傢俱和衣物，都是周守義撿來的。一開始，連食物都是撿來的，對於飯菜上活動的蛆蟲，一家人也並不太在意。孩子們最高興的，是爸爸撿回來肉。冰玉讚歎媽媽的手藝，每次都能切掉嚴重腐敗的，把中間的部分用開水反覆煮，之後切成肉片，佐以辣椒同炒。「有沒有異味我們吃不出來，一心就想著吃肉了。」

還有一次，周守義給孩子們撿回來一盒酸奶。冰清喝了，覺得幸福死了。「我和姐姐許願說，真希望我們天天能撿到酸奶喝。」蔬菜的話，「比如芹菜，總能從爛的裡面摘出幾根好的。」冰清小時候總感歎：「北京人怎麼什麼都敢扔！」

爸爸喜歡撿假花，擺得一屋子都是。一次女兒們想扔，周守義很不高興：你們傻啊，這些花就是你們啊！又一次，爸爸居然撿來了旗袍，讓女兒們穿著出門。旗袍不合身，但周守義很開心，他看著很美。

操勞之餘，周守義喜歡傳講拾荒致富的傳奇故事。

上世紀80年代，中國大城市便興起了拾荒大軍，有研究統計指出，北京的拾荒大軍高峰期近三十萬人。他們中的主力，是來自四川、河南、河北、江西、安徽等地的農民，聚集點由同鄉構成，分為多個幫派，競爭激烈，常有打鬥。

漸漸的，一些早期從廢品中掘金的人率先致富，成為了資產上億的「玻璃大王」、「塑料大王」、「鐵鋁大王」。他們中的一些人在北京郊區成立了大型廢品回收站，常從附近村大隊中租用土地，佔地可達數千平方米，被分割成無數回收小作坊，分門別類進行回收。各種廢鐵、紙皮、塑料、玻璃堆積成山。

在北京十幾個大型廢品回收站中，具備營業資質，工商信息齊全的寥寥。這些地方通常不掛門牌，圈地收錢，隨意排污。雖然這些廢品回收站衍生出不少治安、污染、假貨和地溝油的問題，但這十幾萬拾荒者的勞動，每年幫政府節省了數億元垃圾處理費。

拾荒大軍鏖戰之下，中國成為全球最大的廢品回收市場。國家發展改革委員會（發改委）的數據顯示，2013年，中國近一半的銅，超過一半的紙以及將近30%的鋁都來自美國日本進口的廢品。

在世界廢品回收市場的上游，亞當・明特（Adam Minter）出生於美國明尼蘇達州一個廢品經銷商家庭。20世紀初，他的曾祖父從俄國移民到美國，不會英語，身無分文。處境與周守義類似，他選擇了唯一能做的工作：撿垃圾。

七十年後，明特家族建立了廢品回收帝國，積累了大量財富。亞當進入了美國排名前十的大學，並在全球最大財政資訊公司彭博社任職記者。基於對中國和世界廢品回收業十多年的觀察和研究，他寫出了《廢物星球》（Junkyard Planet）一書。

雖然與老明特同行，但周家的四個孩子卻全然不是亞當那樣。他們不斷墜落，被冉冉升起的中國遠遠拋到了另一極。

## 在廢品王國的最底層

廢品王國等級森嚴。敢吃苦，不怕髒，並不意味著可以隨便撿。

北京市市政市容委員會的副總工程師王維平關注北京垃圾處理逾四十年，2016年北京市人代會上他介紹道，北京的拾荒大軍共分為十三個幫派，聚集在北京四環外的八十二個「營盤」，每個「營盤」兩千多戶人。其中最大的要數「川幫」，僅來自巴中一個市的就有四萬人。第二是擁有一萬七千人的河南幫，主要來自固始。幫派間規矩森嚴，從玻璃到塑料到製品，各個幫派的拾荒範圍都有嚴格規定。

周守義不認識什麼有勢力的老鄉，他所能撿拾的，已經是各幫派、環衛『正規軍』和『野戰軍』輪番翻揀過的，處在整個廢品回收系統的最底端。

1997年，北京的拾荒大軍達到八萬兩千人。那時，有關部門向王維平透露了一個重要信息：北京七成以上的刑事案件是拾荒者犯下的。他們「撿不著就偷，偷不著就搶」。使用中的井蓋兒、護欄、變壓器、地鐵電纜，都成了「回收對象」。

為了緩解這種混亂局面，王維平親自促成了北京十多個幫派的面對面會談。會議達成了共識：四川幫負責撿垃圾，河南幫負責收廢品，河北幫負責四環外接應廢品回收，江蘇幫負責回收地溝油。

周守義不認識什麼有勢力的老鄉，從生活垃圾回收站到轉運站，再到這片垃圾填埋場，他所能撿拾的，已經是各幫派、環衛「正規軍」和「野戰軍」輪番翻揀過的，經過十幾輪利益相關方，處在整個廢品回收系統的最底端。

他左腿截肢，行動力有限，妻子身患多種疾病，勞動能力不如其他人家，躲避在垃圾場「小打小鬧」單幹，他認為最為穩妥。除了垃圾場，周守義還會戴上假肢，騎上三輪，在北京各個小區周邊轉悠，尋找廢品。若要進入居民垃圾回收站——這意味著搶別人的

拾荒者們在垃圾堆上日夜勞作，卻從未贏得尊重。（攝：潘希倫／端傳媒）

生意，他還要按月給當地環衛部門交費。北京近千個小區垃圾回收站，早已被逐個承包。

在廢品王國中，周守義小心翼翼，儘量避免破壞規矩。即便如此，周家的每日所得，僅夠果腹。

周家人曾經有過一次遠離垃圾場的機會。那是快到2008年北京主辦奧運會的時候，周家收到消息，他們居住的那片垃圾場將被清理，新建小區。有人願意出資，幫他們換一個宜居的住處。

僅塑料就可分為二十多類。（趙晗提供）

周守義拒絕了。

他們在北京沒有暫住證，孩子屬於計劃生育政策外的「超生」子女，沒有戶口，周守義擔心他們會被查、被遣返原籍。他和其他拾荒者一樣，最怕見到治安聯防（編註：協助公安維持社區治安的民眾組織），他們手上都有若干罰款收據，罰一次就好幾百。尤其那是在2008年北京奧運會前的「嚴打」時期。

他更擔心，拾荒行業競爭激烈，各人佔山為王。如果住到更好的環境，代價便是「失業」，他不僅失去了自己好不容易搶到的地盤，更無法輕易進入其他垃圾場分一杯羹。

對周守義來說，沒有哪裡比這個骯髒惡臭的垃圾場，更適合藏身和維持生計。這裡，是周氏一家的圍城。

## 讀書是一種奢侈品

孩子讀書的問題，始終困擾著周家。周守義會認一點點字，妻子完全不識字。拾荒收入寥寥，維持一家人每天的生計都勉強，遑論教育。更何況，北京並不歡迎他們。

直到2002年，大姐十五歲，雙胞胎姐妹九歲，弟弟冰傑七歲時，四個孩子都還沒有戶口，也都沒有上過學。並非周守義不想讓孩子上學，只是實在湊不上學費。

周家附近，一所打工子弟學校的校長間接聽說了他們的情況，親自上門，勸說孩子去上學，並決定免除所有學費。然而沒過多久，老校長離開了學校。新校長一上任，首先停了對周家子女的資助，甚至向他們追討之前的學費。周家子女輟學。

周守義四處借，湊足了學費。不過，四個孩子復學沒多久，北京市集中關停打工子弟學校，他們的學校遭到取締。周家子女再次輟學。

那是2005年，大姐十八歲，幾乎沒有讀過書的她決定外出打工。別人說介紹她去河北，但到底去哪裡，做什麼工作，一家人完全沒有概念。大姐走後，音訊全無。周家曾報案，但因為大姐沒有戶口，案件沒有被受理。

周家的遭遇引起了一家教育機構的關注。在外界的幫助下，雙胞胎姐妹和弟弟冰傑得以在附近尚未被關停的打工子弟小學繼續學業。周家三個孩子上學後，展現出過人的讀書天賦。特別是弟弟冰傑，穩居班中第一。在簡易的鐵皮屋內，掛滿了雙胞胎姐妹和冰傑的獎狀，他們仨包攬了班中前三名。但這是他們僅存的紀念。

隨著外來人口的湧入，北京「政策控人」的姿態越來越強硬，政府決意逐步疏解這些低端產業和底層人。冰傑六年級的時候，一天，學校通知說，因為政策原因，這所打工子弟學校的初中部將被關停。弟弟的讀書生涯再次被推向絕境。

兩個姐姐急壞了。那時她們剛剛接觸互聯網。一連幾天，她們一放學就扎進學校的網絡教室，想給弟弟找一條出路。她們從電腦老師那裡聽說：湖北黃岡中學很好。

雙胞胎姐妹決定，送弟弟去黃岡讀書！哪怕湖北無親無故，無比陌生。

此時，周太太已無法獨力照顧冰傑。生活在傳染病高發、衛生防

裝滿經人力初撿分類廢品的貨車。（趙晗提供）

病盲點的拾荒大軍中，她患有膽結石，常年高血壓，身體虛弱。雙胞胎姐妹打算把讀書的機會留給弟弟，自己輟學打工，掙錢供弟弟上學。

2009年，周太太、雙胞胎姐妹、冰傑，一行四人來到黃岡，在學校附近租了一間簡易房子住下。冰傑順利通過了黃岡初中的入學考試。兩姐妹很受鼓舞，開始找工作。

當時她們十六歲，常年營養不良加上缺乏鍛鍊，發育遲緩，身高不足一・五米，體重七十斤上下。有僱主說出顧慮：你們太像童工了，誰敢用？幾個月後，找不到工作的姐妹倆折返北京。

社會人士紛紛向她們伸出援手。雙胞胎姐妹所在的打工子弟初中校長得知他們的遭遇後，表示願意免除她們的學費，鼓勵她們繼續讀書。之前幫助過他們的愛心人士也願意支持冰傑的學費。兩姐妹重回學校。

但她們打心眼覺得，趕緊打工掙錢擔起這個家，比讀書重要

廢品回收種類繁多，曾經什麼東西都可以賣錢。（趙晗提供）

得多。

西紅門垃圾場被清理後，周家輾轉到附近一個外來人口聚集區住下。雙胞胎姐妹上初中，學校離家單程就要兩個小時，便住校。遠離家人的周守義開始酗酒。有時喝醉，還會給鄰居添麻煩。鄰居不堪其擾，只能給周家姐妹打電話。雙胞胎姐妹放心不下爸爸，決定搬回家。

人士如何勸說，姐妹倆最後一次，徹徹底底地輟學了。

## 低收入、高風險和疾病的輪迴

周家姐妹倆僅有小學文憑，全無工作經驗。對外面的世界，她們陌生又茫然。

她們先是盯著街上張貼的小廣告，挨家去試。在京城五環外各個外來人口聚集區當臨時工：掛日曆、搞印刷、化妝品包裝、超市整潔……她們試過創業，去做山東煎餅，在城南的城鄉結合部擺攤。但姐姐冰玉的煎餅並不受歡迎，生意很差。有時同伴喊一聲「城管來了」，冰玉的煎餅車過大過重，逃生費勁。只好放棄。

別無選擇，她們走向了高強度、高風險而低收入的工作。

2011年11月，她們得到了人生中第一份正式工作，在大興一個電子工廠做元件目檢。這間工廠地址偏僻，工作條件很差，冬天甚至沒有暖氣。姐妹倆上班的路上也頻遇危險，曾有幾次在路上被打劫。她們每天工作十二個小時，輪流上夜班，全勤時每月工資一千六百元。

這份收入不高的工作，帶給她們極大的疼痛。

妹妹冰清在小學的時候，曾被一個搞惡作劇的同學用椅子砸傷了腰。在這份工作中，她每天十二個小時保持C型姿態，沒多久，便腰痛難忍。她買回止痛藥。一開始一次兩片，一天三次。到後來，她開始一把一把地吃。但疼痛卻在加劇。

疼到極限，冰清來到大興區一家醫院看病。醫生沒有進行任何問診，首先安排她照了三千塊錢的片子，不過這只是開始。在照核磁共振之前，冰清急眼了，求醫生：「我真的看不起了，能不能就照到這裡？」醫生說，只有把需要照的照齊，才能診斷。哀求無用。害怕繼續花錢的冰清，果斷離開了醫院。

「花了三千多，什麼結果也沒拿到。」冰清想起就醫的經歷，心有餘悸。

**有一次女兒們逼著周太太去醫院，可醫生還沒有看完，她就落荒而逃，生怕再多坐一會，就會產生不可承擔的費用。**

與冰清的工種不同，姐姐冰玉需要每天緊盯元件。沒過多久，她患上了眼疾。眼睛疼痛、視力下降，眼白處長了白疙瘩。

捱了三年，2014年，身體嚴重不適的兩姐妹離開了電子廠。冰玉曾酷愛語文。上學的時候，她最喜歡看書，偶爾還寫些小詩。從電子廠出來後，她的視力嚴重受損，閱讀變得吃力。

周守義的身體也開始頻出毛病，有幾次在收廢品的途中暈了過去。周太太的病情惡化得更為迅速，她經常胸悶氣短，也暈倒過幾次。她的視力嚴重退化，因為看不清，手上盡是倒開水燙出來的水泡和疤痕。她在床邊的海綿上別了一根針，以便隨時把水泡挑開。

她不肯去看病。與冰清一樣，她害怕昂貴的藥費。有一次女兒們逼著她去醫院，可醫生還沒有看完，她就落荒而逃，生怕再多坐一會，就會產生不可承擔的費用。

周太太仍舊堅持去附近撿垃圾。一次，她跑進了一輛集裝箱垃圾車裡，因為看不清楚，她淘得很費力。正在這時，有工人往車裡傾倒垃圾，差點將她掩埋。

## 「這個行業垮掉了」

2016年春節前，冰清專門請假，幫父親收了最後一次廢品。忙了一天，最後賺了不到一百塊錢。周守義知道，拾荒行業幹不下去了。

在周守義看來，2003年「非典」疫情後到2008年奧運前，是拾荒的「黃金時期」。2003年前他們提心吊膽，擔心隨時會被收容遣送。2012年後，北京逐一清除曾遍佈京北的大型廢品回收市場：東小口、東三旗、廂白旗、青龍河……這些地名一個接一個變成北京拾荒者的回憶。進入2015年，下游的製造業不景氣，需求量大幅下降，廢品回收價格連跌。

周守義感歎：「這是低端產業，我們貢獻完力量，現在要攆我們走了。」

曾經，河南固始拾荒人是周守義的競爭對手，甚至是羨慕對象。時至今日，連固始拾荒人的日子也不好過。周守義的同行老何站在東小口一排平房前，望著眼前的一片荒草，琢磨自己是不是要離開生活了十多年的北京。

老何的幾個同鄉戲稱：『如今收廢品權當鍛鍊身體。』

東小口在北京北五環外，地處北京中軸線，曾是華北地區最著名也是最重要的「廢品村」。全盛時期，廢品回收出租大院佔地逾五百畝，聚集了幾萬廢品回收人員，幾乎全部來自河南省固始縣。東小口匯聚了北京四分之一的可回收物，人力精細分類後運往河南、山東等地的再生資源公司。

老何在東小口幹了十幾年，目睹了整個行業的興衰。曾經這裡一個攤位的月租就要五千塊，一個月的收入可達一萬元。如今，他們就指望著附近還沒有拆除的廢品村的裝卸生意，幹好了一個月能有三千塊。在老何看來，「這個行業垮掉了。」在一個汽車流動發車站前，老何和幾個固始同鄉蹲在屋檐下的陰影裡，等著派活兒。

對於廢品的報價，周家瞭如指掌：礦泉水瓶子以前一毛五一個，現在五分一個；一百斤玻璃，現在賣不到二十塊錢；木頭五分錢一公斤；高密度聚酯，從七、八元一公斤跌到現在兩元一公斤。

老何的幾個同鄉戲稱：「如今收廢品權當鍛鍊身體。」

北京市市政市容委員會的王維平則擔心，隨著這些「低端產業」退出北京，民間廢品回收隊伍破產，河北小塑膠廠、小冶金廠、小造紙廠的關停，北京的垃圾處理量將大幅上升。2015年，北京的生活垃圾已達七百九十萬噸。失去拾荒人的北京，廢品如何回收成為難題。如果說老一輩還有賣廢品的習慣，那麼年輕一代則完全沒有回收的意識。城市唯一的選項只剩下垃圾焚燒和填埋。據官方報告，2018年北京將有11座垃圾焚燒廠投入運營，年焚燒量達597萬噸。

冰清早就知道，如果說父母當年不顧髒累，通過拾荒還能略有盈餘，那麼到他們這一代，拾荒維生已不可能。但只有小學文憑的她，不知道自己還能做什麼。

現在，在距離南城的家八十公里外的京北昌平區，兩姐妹找到一份在快餐店打工的工作，收入微薄，常常忙得一天只吃一頓飯。冰傑考上了北京一所二本學校，姐妹倆未來的生活重心，是賺夠弟弟一年一萬六的學費。

二十三歲的冰玉和冰清都找到了男朋友，從事外賣工作。雖然感情穩定，但兩姐妹都沒有結婚的打算。她們擔心，嫁到家境類似的婆家，便不能再像現在這樣在經濟上全力支持弟弟。

兩姐妹更不敢想像：自己的孩子將來上學在哪裡，生活在哪裡？

* 應受訪者要求，周氏一家五口為化名。

北京一間垃圾站回收站內，被打包好的紙箱。（攝：潘希倫／端傳媒）

特別收錄

# 北京切除：京林公寓最後一夜，最後一人

朱玉

2017年11月26日，北京新建村街道，一名兒童在堆滿廢棄物的街道上尋找能用的物品。（攝：Bernard／端傳媒）

京林公寓的人們沉默不語，埋頭搬運。北京冬天的夜晚來得早，公寓密密麻麻的窗戶之間，只零星的亮著幾盞燈。

驅逐通知在11月24日傍晚下達，時間只有兩天，數百家租戶、千餘人必須全部完成搬移。

這家月租500元的廉價公寓位於北京南部的偏遠市郊，距離市中心20多公里，屬於大興縣黃村鎮。住在裡面的大多是在北京打工的普通人。11月18日，大興縣一棟廉價公寓發生火災，由於住戶密集且缺乏消防部署，最終19人殞命，其中有8名兒童。人們沒料到的是，這場火災之後，政府沒有試圖為居民改善住宿環境，而是直接「切除」：視居民為混亂源頭，把人全部趕走。

北京在近年致力於控制人口，疏解非首都功能。無論是2017年開始的「疏解整治促提升」專項行動，還是治理「拆牆打洞」運動，都極大地縮減了外來打工者的生存空間。寄居在城市邊緣數以百萬計的打工者，甚至在很多官方文件中被直呼為「低端人口」。一場火災之後，大興縣的他們被勒令在寒冬裡立刻無條件搬離，沒有任何過渡措施和救濟安排。此前或者此後，他們都不會是唯一一批。

對於京林公寓的人們來說，11月25日是最後一夜。

公寓內部，過道上雜物堆積，人去後的窄小房間虛掩著門，彩色塑料門簾還掛著，裡面的洗衣機是老舊的，木頭沙發的表面斑駁

2017年11月25日晚，北京新建村村口，一家洗車場即將搬遷到重慶，工作人員在看守設備。（攝：Bernard／端傳媒）

2017年11月26日下午，舊宮鎮南小街一處被拆除的樓房廢墟。旁邊的廣告牌上有償獻血的廣告最多，其次是招工的。（攝：Bernard／端傳媒）

——儘管是廉價公寓，這裡的生活，並沒有那麼臨時將就，它是某種類似於家的東西。兩天以前，這裡還居住著單身的快遞員、一邊做房屋裝修一邊撫養孩子的中年夫婦，以及和老父老母蝸居於此的老年農民工。

如今，斷裂的木材、廢棄的傢俱、破舊的家電……租客們丟棄的物件堆成了一個山頭，滿眼蕪雜。公寓呈圍合形狀，中央寬闊的廣場上，排滿了金盃麵包車、小貨廂的汽車、電動以及人工的三輪車，許多車上已經塞滿物品。

寒風裡，穿紅色短身棉衣的女人坐在老舊的靠椅上，懷裡抱著熟睡的孩子，等待丈夫搬完東西，立即出發，但卻不知道下一站是哪裡；一對走路蹣跚的老人，相互攙扶著從公寓走出來，老太太爬上金盃麵包車狹窄的副駕駛座，她張口喘氣，懸吊的下唇顫抖著；一個右肩扛運重物的中年男人，回應了記者的招呼，他哭喪的臉上，寫滿孩子般的委屈。

月亮從南邊的天空升起來，這是北京冬天少有的晴朗夜晚。而皎潔的月光之下，人們倉促而張皇地遷徙，像剛剛經歷一場瘟疫、地震或戰亂。廣場上的車和人逐漸減少，愈發寂靜，狹長的三層樓房A座公寓裡，正面的幾十個窗口，亮著的燈漸漸只剩下一個。這有些像歷史電影中，猶太人被趕往奧斯維辛集中營之後，空寂而破敗的隔離區。

## 她走不了，她沒有錢

這一夜，記者在京林公寓遇見了66歲的李秀華（音）。

「我X他媽的！」李秀華口中罵著，茫然無措地站在B座公寓入口處的房門前。今晚，她走不了。這位在北京打工近三十年的廊坊農婦，根本無處可去。

她沒有錢。今年10月底，她曾按租房合約繳了11月和12月的房租，共計1000元人民幣，還有5元水費。傍晚時分，她去京林公寓的辦公室排隊辦理退租手續時，還以為自己至少可以拿回1000多元錢，這其中包括700元的押金、11月所剩天數的房租、12月的房租。

可是，李秀華只領到了60元錢。11月的房租全部不退，所有人都如此，無論住了多少天；700元押金也全都不退，因為她搞丟了收據，對方不願給她翻一翻底單；12月的房租只退100元，因為她在十餘天前沒有交暖氣費，老闆又趁機扣掉四百元，儘管李秀華僅只能在此住最後一晚，而暖氣費涵蓋整個冬天；最後，老闆還扣了她40元衛生費。

走出辦公室的棕色防盜門，李秀華滿腔怒氣，把手中那兩張褶皺的50元和10元人民幣高高舉起，想給院子裡的人看，想找人評評理。然而，沒有人多說話，大多數人都沒能拿到應得的那些錢。

李秀華是大興黃村鎮附近頗有人緣的家庭護工。這些年，她護理過患心臟病的老頭子、得哮喘病的老婆婆、患直腸癌的垂命病人……這些護理對象和親屬都對她稱讚有加。

她經驗豐富。在做家庭護理之前，曾在北京一家養老院做過幾年，並且，她的工作很特別：臨終關懷。她曾陪著十餘個老人慢慢死去，有一位皮膚浮腫的老太太連親生兒女都信不過，只要李秀華服侍；也有一位頗有文化修養的老太爺在臨死之前跟她說，生命不過如此。李秀華是個情感細膩的女人，每一個照顧過的人離開人世，她都會抹眼淚，有時哭得比家人還傷心。

不過，最近她丟掉一份家庭護理工作。那家的女主人得了糖尿病，需要照顧，而年已八十歲的男主人，卻總是撬開保姆的房間，與保姆像「媳婦」一樣相處。李秀華惹怒了男主人，是因為她不願聽從吩咐，去幫他買那種有助壯陽的藍色小藥丸。

僱主家人們與她對質，男主人指責李秀華，「她不給我買藥！」李秀華百口莫辯，不知從何說起，一氣之下，「把工錢給我結了，我馬上就走！」

## 她沒有家，她來了北京

李秀華請記者到她在京林公寓的房間裡稍坐。她從2016年4月起住在這，房子約15平米，大件的行李已找人幫忙搬走，放在鄉下的大女兒家裡。餘下的零散傢俱和日用品擺放得有條不紊：狹窄的單人床上，被子摺疊整齊；吃剩的白菜燉粉條，裝在一個白色大瓷碗裡，放在櫃子上；衛生間敞開著，除了潮濕，卻沒有異味。她還養了一隻白色的小狗，乖乖地趴在鋪著粉色墊子的鐵絲籠子裡。

「小白已經十多歲了！」小白是一隻流浪狗。十餘年前，李秀華剛剛在黃村鎮的勞務市場找到工作，在當地人家裡照顧老人，洗衣、做飯、買菜，每天她都會在居民小區的自行車棚下給小白餵食。慢慢地，小白將她當作了主人。

那家老人去世後，李秀華也離開了，小白依然還在那裡等著，朝著李秀華曾經向它餵食的地方大聲吠叫。周圍的鄰居不堪其擾，只好再聯繫到李秀華，讓她把小白帶走。就這樣，流浪狗小白和打工農婦李秀華成了相依為命的夥伴。

如今的李秀華牙齒殘缺、滿臉皺紋。她的右腳曾做過手術，插入鋼板，兩個月前才剛剛恢復，她脫下厚厚的尼龍長襪，讓記者看右腳邊緣手術縫合後的疤痕。因常年的體力勞動，她身型佝僂，腰部彎曲，隔著厚厚的冬衣，也能摸到後腰的脊骨附近有一段明顯的凸起。

黃村鎮附近的算命先生曾告訴李秀華，她的命運極其悲慘，將暴病而亡。她聽罷，付了錢給先生。

她確實命苦。六十年前的河北廊坊農村，李秀華是被奶奶撿來的孤兒，她的奶奶之所以對她好，是因為奶奶自己也是撿來的孤兒。在重男輕女的鄉下地方，女孩兒太好撿了。

她從小知道自己是撿來的，養父母家的兄妹時常欺負她，她無法爭辯，只能乖乖捱打。老家澆菜園的壓水機井上，所有人都去睡覺了，只有幼小的李秀華還在勞作。她早早輟學，12歲就加入生產隊掙工分，每天只睡兩個小時。14歲她長到一米六七的大個子，成了一名又好強又能幹的北方大姑娘。

25歲嫁人，丈夫是浪蕩的瓦匠，喜歡招惹別家的女人，賭博的賬卻要李秀華來還。他們在一起生了三個女兒，卻沒有幾天相好的日子。37歲離婚以前，三個孩子的糧食，多是李秀華去廊坊市裡打工時賣血換來的。在農村，賣血求生，並不稀奇。

三個女兒在老家無人看管，村公所（早年鄉村的行政機構，負責民政救濟）的幹部對李秀華說，「別出去了，留在家看孩子。」在鄉裡領導安排下，李秀華母女四人住進了村公所。誰料第一夜，丈夫就拿著刀踹開了門。人們再不敢留李秀華，怕真出了人命，擔不必要的責任。從此，她徹底離開了那裡，她沒有家，養父母哪裡不是，丈夫孩子也不是。

80年代末，她隻身來了北京。

## 她更希望，自己是死在北京

公寓樓道裡傳來拖拽物體的聲音，也許是最後一個藏匿在某間房裡的租客也離開了。

李秀華卻對這響動漠不關心，「我在北京將近三十年沒有一個朋友。」李秀華說，今夜的故事，數十年了，她還是第一次講出來。

在北京，她最初在鐵道部機關種過內部供應的菜，後來被職工親屬搶佔了職位。她只得跑回河北農村，在那些土地寬廣的農家當長工，拿每個月40元的收入。後來，她又回到北京，先是替人看家，後又成為養老院的臨終關懷護工。因為工資太高，她被從崗位撤下，換到養老院的食堂洗菜。她一人做兩人的活，在北方冬天寒冷的天氣裡，手被凍得通紅而浮腫。十幾年前，她辭掉養老院的工作，來到大興縣黃村鎮，在勞務市場找工作，伺候老人。除此之外，她業餘拾荒，四處遊走，搜尋垃圾。

最小的女兒從家裡跑出來，跟著打工的李秀華。她沒有時間照顧女兒，就把她鎖在出租屋裡，但卻被理解成虐待、關禁閉，招致年幼女兒的長久怨恨。

到了上學的年級，李秀華託人找了關係，想把女兒送進學校，卻被告知要交1400元一年的借讀費。當時的李秀華，還是月收入不到100元的菜園臨時工，根本拿不出這些錢，她又想到了賣血。

於是她回了廊坊，抽出400cc，拿到100元，給到女兒手裡，「先交一百。」她叮囑女兒，不要說錢是賣血來的。學校追問錢的來路，女兒不說，李秀華受到懷疑：農村來的婦女，短時間內來錢，偷盜，甚至肉體買賣，都有可能。李秀華只好前去解釋，學校領導起了憐憫之心，免了女兒的借讀費。

但小女兒還是沒有好好讀書，那年，將要被保送體校時，忽然從家裡跑掉了；留在家鄉的大女兒和二女兒，都由前夫找了女婿，不容李秀華過問，也沒有請她回去參加婚禮。

李秀華說她一輩子都不要回去了。她非常相信算命先生說的話，覺得自己終將暴病而亡。只是她更希望，自己是死在北京，連安葬都不要回家，生活了三十年的北京更像她的家。

## 為何而來，為何而去

但她還能留下來嗎？

短短幾天之內，幾萬名如李秀華一樣的打工者被驅逐了。這是一場範圍廣泛的清理行動，位於城鄉結合部的出租公寓、出租大院、批發市場、廠房庫房……都在限期整治和拆除中。儘管中國的《行政強制法》明文規定，「不得在夜間和法定節假日實行行政強制」，「不得以停水停電停暖停燃氣方式強迫」，但黑夜之中，依然有許多人毫無尊嚴地離開他們的棲息之所。北京留給李秀華的空間越來越小了。

夜裡九點半，遠離鬧市的京林公寓一片漆黑，寂靜籠罩，就連A棟三樓那個唯一亮燈的房間也沉入整齊的黑暗。待記者離開時，京林公寓的大門口，一個身著軍大衣的壯碩中年人正舉起沖力巨大的水管，用力沖刷著堆砌如山的廢物。沒人知道他在幹什麼，消毒？壓制揚塵？又或者是在享受那種洗刷的快感。

回頭看，身型佝僂的李秀華站在門外，與記者揮手告別。有位僱她做家庭護理的北京老太太曾承諾，會給李秀華2200元月薪，甚至為小白也提供一個生存空間，「讓它住在陽台上」。度過京林公寓這最後的荒蠻之夜，她打算聯繫那位老太太，搬到那裡去。這是李秀華最後的機會。

南面天空的月亮又升得高了些，照在空闊而慘白的京林公寓中央廣場，李秀華可能是那棟公寓裡唯一留下的人，她講述了為何而來，她不知道為何而去。

新・座標25　PF0221

新銳文創
INDEPENDENT & UNIQUE

# 大國小民
## ——十個故事裡的中國

作　　者　端工作室
編　　輯　戚振宇（端傳媒）
責任編輯　鄭伊庭
圖文排版　莊皓云
封面設計　王嵩賀

出版策劃　新銳文創
發 行 人　宋政坤
法律顧問　毛國樑　律師
製作發行　秀威資訊科技股份有限公司
114 台北市內湖區瑞光路76巷65號1樓
電話：+886-2-2796-3638　傳真：+886-2-2796-1377
服務信箱：service@showwe.com.tw
http://www.showwe.com.tw
郵政劃撥　19563868　戶名：秀威資訊科技股份有限公司
展售門市　國家書店【松江門市】
104 台北市中山區松江路209號1樓
電話：+886-2-2518-0207　傳真：+886-2-2518-0778
網路訂購　秀威網路書店：http://store.showwe.tw
國家網路書店：http://www.govbooks.com.tw

出版日期　2018年2月　BOD一版
定　　價　360元



**Printed in Taiwan**

國家圖書館出版品預行編目

大國小民：十個故事裡的中國 / 端工作室著. -- 一版. --
臺北市：新銳文創, 2018.02
面； 公分
BOD版
ISBN 978-986-95907-2-3(平裝)

1. 中國大陸研究 2. 報導文學

574.107 106024135

# 讀者回函卡

感謝您購買本書，為提升服務品質，請填妥以下資料，將讀者回函卡直接寄回或傳真本公司，收到您的寶貴意見後，我們會收藏記錄及檢討，謝謝！
如您需要了解本公司最新出版書目、購書優惠或企劃活動，歡迎您上網查詢或下載相關資料：http:// www.showwe.com.tw

您購買的書名：______________________________

出生日期：________年________月________日

學歷：□高中（含）以下　□大專　□研究所（含）以上

職業：□製造業　□金融業　□資訊業　□軍警　□傳播業　□自由業
　　　□服務業　□公務員　□教職　□學生　□家管　□其它_____

購書地點：□網路書店　□實體書店　□書展　□郵購　□贈閱　□其他

您從何得知本書的消息？
　□網路書店　□實體書店　□網路搜尋　□電子報　□書訊　□雜誌
　□傳播媒體　□親友推薦　□網站推薦　□部落格　□其他__________

您對本書的評價：（請填代號　1.非常滿意　2.滿意　3.尚可　4.再改進）
　封面設計____　版面編排____　內容____　文／譯筆____　價格____

讀完書後您覺得：
　□很有收穫　□有收穫　□收穫不多　□沒收穫

對我們的建議：______________________________

______________________________

______________________________

______________________________

請貼
郵票

11466
台北市內湖區瑞光路 76 巷 65 號 1 樓
**秀威資訊科技股份有限公司** 收
BOD 數位出版事業部

（請沿線對折寄回，謝謝！）

姓　　名：＿＿＿＿＿＿＿＿　年齡：＿＿＿＿　性別：□女　□男

郵遞區號：□□□□□

地　　址：＿＿＿＿＿＿＿＿＿＿＿＿＿＿＿＿

聯絡電話：（日）＿＿＿＿＿＿＿＿（夜）＿＿＿＿＿＿＿＿

E-mail：＿＿＿＿＿＿＿＿＿＿＿＿＿＿＿＿